不得了！超有料

科學科技篇

運動裝備大揭密

企劃　小木馬編輯部

文　沈口口

圖　傅兆祺

審訂　盧俊良

小木馬

編者的話

讓愛閱讀的小朋友，開始享受運動的好處

陳怡璇 小木馬出版總編輯

《不得了！超有料的體育課》是小木馬編輯團隊歷經一年的企劃製作，趁著四年一度 2024 巴黎奧運年送給小讀者的系列作。來到這堂超有料的體育課，不僅僅活動筋骨、揮灑汗水，還將帶給孩子與運動及體育賽事相關，涵蓋科學、地理歷史，以及數學等面向的有趣知識，是以體育為出發的跨領域文本。

從前從前，曾經有好長的時光，我們的學習和成長擁抱著「萬般皆下品，唯有讀書高」的社會氣氛，然而現在的我們已經知道並非如此，我們也都開始明白，運動對大人小孩所帶來的好處，不僅僅是強健體魄與體力。對小小孩，運動可以協助訓練小肌肉、手眼協調能力、追視能力；對學齡兒童來說，運動是生活的平衡、同儕相處、團隊合作等的練習，也是身心放鬆和放電的好選擇；孩子大一點，若仍能持續堅

毅執著的在體育場上投入與付出，許多家長和大環境也願意栽培孩子，往成為體育選手或相關產業發展的可能。

　　隨著媒體的多樣發達，無論在台灣或是世界各地，許多體育賽事也已成為家人朋友相聚的焦點，許多體育選手是我們搖旗吶喊的對象，是孩子心中的偶像典範。

　　和體育相關的可不僅僅只有賽事和體能、技巧等的展現。如果我們用數學腦看體育、用科技腦看賽事、用歷史風土理解體育，那麼一堂體育課將能看到更多有趣的觀點和見解，《不得了！超有料的體育課》系列書，正是希望熱愛運動的小讀者們可以藉由閱讀，認識更多有趣的知識。反過來說，也希望這個有趣的系列，可以讓愛閱讀的小朋友，也能開始享受運動的好處。

目次

田徑 ⬭

水上／雪上運動 ≋ ❄

競速運動 🚴

冰上運動 🥌 ⛸

瞄準運動

對打運動

其他運動

凱開 小學五年級

反應很快、身體協調性佳，擅長跑步，最喜歡看田徑比賽，尤其是賽跑最後衝刺到終點的那一刻。除了田徑，對於其他運動進行的方式就一知半解。

小學五年級 派派

是凱開的同學。很喜歡看各類球賽，對於運動明星如數家珍。不擅長運動，但是會參加團體的運動項目，例如躲避球、籃球，因為派派說，她是用頭腦在運動。

王海莉 體育老師

外表甜美可愛的樣子，但其實是大力士，擅長一切體育項目，但如果要跳舞的話，就會手腳打結。因為小時候出生是巨嬰，爸爸以大力神海克力斯來命名。

數學科老師 林麥斯

和小林老師林利斯是攣生兄弟，因為出生時間比較晚一點，大家叫他小小林。喜歡騎自行車和滑雪這種有速度感的運動，喜歡看滑冰和跳水比賽。

這次的體育課，我想成為足球高手！

如果你是足球高手，那麼我就是羽球公主。

沒問題，趕快翻開這本書，一起來認識有關運動的科學現象和原裡，以及運動裝備的酷知識！

⚾ Q1
棒球選手越大力揮棒，
球就會飛得越遠？

打到球棒的「甜蜜點」，揮棒的力量越大，球就會飛得更快、更遠。

大力揮棒，我就是打擊王！

不，你得先打到球！

打擊力量越大，球會飛得更快、更遠，但不是單純力量大就可以喔！

「把棒球靜止的放在球架上，打擊者瞄準正確的『擊球點』，穩穩的打擊出去，通常使用的力量越大，球速就會越快，而且可以飛得越遠。」這是對的，原理和牛頓發現的運動定律大有關係，讓我們換個生活中的小情境來解說吧！

牛頓說的力量是怎麼運作的？

想像一下，我們正在球場上工作，任務是推著推車撿起散落各地的棒球，這裡先不考慮摩擦力，一開始推車上沒有任何棒球時，我們只要輕輕推，推車就能輕鬆的滑動，用力一推，推車就會啾——的快速向前滑行。

可是，隨著撿進推車裡的球越來越多，推車的重量就會越來越重，我們必須使用更大的力氣來推動，速度才會跟推動空推車時一樣快。換句話說，加大力量可以改變物體移動的速度，讓它們跑得更遠。

打擊在球上的力量又是怎麼運作？

那麼，棒球的打擊也是這樣嗎？理論上，是的！當我們打擊一顆球速穩定的球，並且命中「擊球點」或稱為「甜蜜點」時，揮棒的力量越大，球就會飛得越快越遠，因為球棒打到球時會產生「作用力」，而球也會產生大小相同、方向相反的「反作用力」，因此球會依據打擊力道的多寡，改變方向快速的飛出去。

反作用力

作用力

但是球場上，棒球選手打擊時所面對的球，是來自另一隊投手投出來的球，可能非常刁鑽調皮，也可能平平穩穩，球速的快慢、旋轉的方向、下墜或上飄的位置，都會隨著投手的投球技巧而有所不同。打擊者必須在0.4 秒左右，甚至更少的秒數裡，觀察球的路徑並做出正確的判斷，抓住恰當的「擊球點」揮棒打擊，在這種有效的打擊之下，才會有「力量越大，球速越快、飛得越遠」的效果喔！

球員必須不斷練習，才能建立扎實的打擊基礎，抓住恰當的打擊點。只是傻傻的加大揮棒力量，就算力氣再大，缺乏技巧也可能徒勞無功，甚至可能揮棒落空白費力氣。

「甜蜜點」
是什麼？

「甜蜜點」是要打擊者和棒球之間甜蜜一點嗎？還是要想辦法讓球棒和棒球甜蜜的相親相愛呢！這個詞在棒球播報裡很常聽見，它來自球具的廣告詞，代表的意思其實是「球棒打擊棒球時的最佳擊球區域」，這個區域大致落在球棒前端的三分之一位置，隨著每根球棒的大小、材質、面積不同而略有差異。

簡單來說，如果能準確的用這個最佳擊球位置，把球打擊出去，往往就能激發球飛出最快速度與最遠的距離，讓打者得到一個美好甜蜜的感受，所以「擊球點」也稱為「甜蜜點」。

有效打擊區／甜區

⚾ Q2
厲害的棒球選手都用
木棒打球？

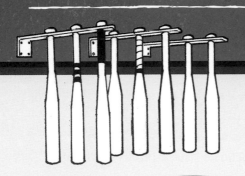

沒錯！厲害的棒球選手都用木棒打球，職業級選手在正式比賽裡，通常也只用木棒唷！

木棒？誰用這種復古的球棒啊！

你才復古吧！大谷翔平就是用木棒耶！

職業級選手選用木棒打球，更能控制球的飛行路徑。

　　誰說用木棒打擊就是復古又笨重，用鋁棒打球就是輕巧又有現代感呢？不妨仔細觀察一下棒球場上，那位廣受球迷喜愛的職棒球員大谷翔平，場場比賽都是使用木棒哩！

　　其實不只大谷翔平，大部分的職業級棒球球員，在國際趨勢的影響下，大都選用不同材質的木棒來打球，甚至有些比賽規則裡，直接規定選手必須使用木造的實心球棒，反而是一般業餘球員或是正在學習的小朋友，比較適合使用輕盈有彈性的鋁棒喔！

　　這是為什麼呢？讓我們來看看木棒和鋁棒的構造和差別吧！

鋁棒 —— 金屬製的空心棒

　　光是聽名字就知道，「鋁棒」主要的材質絕對和「鋁」脫不了關係，由於「純鋁」是一種質地柔軟、硬度不高的金屬，因此製作鋁棒時會添加其他金屬一起打造，像是銅、鎂、鈦、鋅等，來增加球棒的硬度與彈性，所以又稱做「鋁合金」。

　　這種科技時代下誕生的球棒，可以製成空心的，具備了輕盈、有彈性、不會輕易斷裂的特性，重點是用鋁棒打擊，只要能夠揮擊到球再加點力道，它的彈性還可以幫助球高飛，因為空心的鋁棒造成彈簧床效應，讓球產生回彈的效果。

彈簧床效應

當球觸及鋁棒時，空心的鋁棒會凹進去，接著再回彈，產生所謂的彈簧床效應。

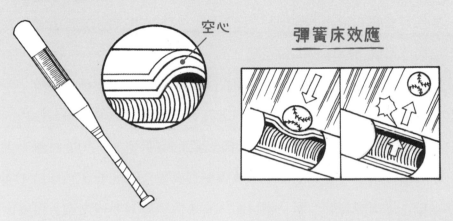

空心

彈簧床效應

以軟式棒球來看，在同樣力量下，鋁棒所打擊出去的球，飛的距離比木棒遠。

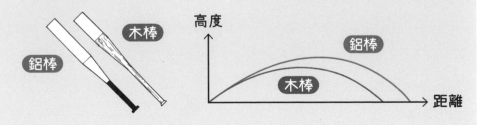

木棒

鋁棒

高度

鋁棒

木棒

距離

 對剛開始學習棒球，無法拿起太重球棒的人，或是技術還不純熟的初級打擊者來說，一揮棒就能看到球遠走高飛，又能聽到美妙的「噹噹」聲，實在具有莫大的鼓勵作用。

木棒——原木製的實心棒

「木棒」是棒球運動最原始的球具，和鋁棒最大的差別在於，木棒是以原木裁切製造的實心球棒，重量通常比鋁棒重，打擊時的彈力也不如鋁棒，甚至容易在棒球高速的撞擊之下斷裂，但是木棒為什麼沒有被鋁棒取代，反而成為職業級球員的首選呢？

只能說木棒的缺點，也是它的優點，因為少了鋁棒那種反彈力，所以打擊者使用木棒擊球，並不是光有力氣就可以，必須靠著經驗和技巧的累積，抓住恰當的擊球點打擊，才能把球穩穩的揮擊出去，因此打擊出去之後，球的飛行路徑也會比較穩定，這讓擁有厲害技巧的職業級球員更能夠控制球路，打出漂亮的一擊。相反的，高速的球碰到鋁棒之後，可能因為彈簧床效應而沒有這麼穩定、聽話，所以才會有「厲害的棒球球員，都喜歡選用木棒打擊」的都市傳說嘍！

常見的硬式棒球，是各種材料一層一層疊起來的。

「唰——」棒球落進守備員的手套裡，沉甸甸的非常扎實，有時投手的球速太強勁，守備員接球的一瞬間，手還會痛得要命。到底是什麼樣的構造，讓棒球這麼有分量，又可以被投手擲出這麼多變化？讓我們把棒球想像成蛋糕切開來看看吧！

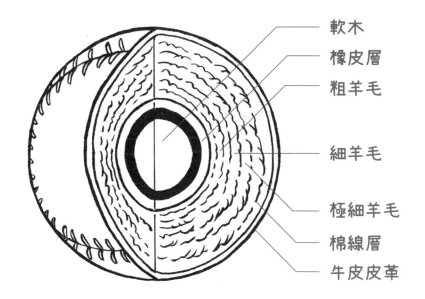

- 軟木
- 橡皮層
- 粗羊毛
- 細羊毛
- 極細羊毛
- 棉線層
- 牛皮皮革

 標準的硬式棒球，直徑約 7.38 公分，重量要在 141.8 至 148.8 公克之間，大致可以分為 7 層。

厚實又有彈性的羊毛材質

棒球從內到外，真的好像千層蛋糕。首先，最中間的核心有個乒乓球大小的軟木，外面裹著一層橡膠皮，據說更早之前，這個核心只有橡膠沒有軟木，所以彈性不佳，打擊出去的聲音也不怎麼亮，但在塞入軟木調整之後，不僅彈性變好了，擊球還能發出清脆響亮的聲音。

緊接在橡皮層之外的，是一層非常厚實的毛線層，可別以為這個毛線層，只是反覆的纏繞了一種毛線喔！嚴格說來，這一大層從裡到外幾乎都是羊毛，還可以細分為三種，最靠近橡皮層纏綁的是粗羊毛線、中間是細羊毛線，最外層是極細羊毛，因為羊毛柔軟又帶點 Q 彈的特性，讓棒球扎實又兼具適當的彈力，例如中華職棒規定的比賽用球，羊毛纖維的含量就必須高於百分之九十以上。

剛剛好的 108 針縫線

這顆帶有核心的羊毛球會以棉線做最後一層的纏繞，再包裹上延展性較好的八字形牛皮皮革，並縫上經典的 108 針紅色縫線，成為一顆完整的棒球。

這 108 針的縫線，多一針球體會凸起，少一針球體會凹陷，有些講究的品牌，還會由人工縫製一一確認，因為這些縫線居然可以左右球體飛出去的軌跡，影響比賽結果呢！

棒球縫線怎麼影響球的路徑？

當球被投出後飛行在空氣中，會產生一股和前進方向相反的空氣阻力，流經球體的上方和下方，如果這顆球不是光滑的，而像棒球有一些凸起的縫線，這些縫線就會擾亂貼近球體的氣流。當氣流遇上縫線，產生大大小小的漩渦，最後匯集成一股「亂流」，落在球的後方又稱做「尾流」。而這個尾流的實際狀況，就會影響球的上升、飄移或下降，改變球在飛行中的路徑軌跡。

投手根據這個特性，利用棒球上縫線，在投球時以不同的握球方式投出，或是投出時使用不同的旋轉方式，就能使球的路徑產生變化，也就是所謂的「變化球」。

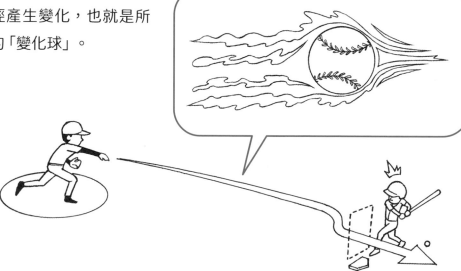

🅑 Q4
每個守備位置的手套都不同？

每個守備任務都不同，手套當然不同！

　　「耶！有球飛到觀眾席了！我要接！」你確定嗎？看到棒球快速的飛過來，位在觀眾席沒有手套的你，還是先閃躲比較安全，因為當下根本無法判斷球速，你的手可能承受不了棒球的重重一擊。所以啊！棒球競賽中才會規範所有的守備和投手都得戴上棒球手套，以策安全。

　　棒球手套是球員擔任防守方時必備的基本用具，也是許多棒球愛好者剛接觸棒球時，最先擁有的配備之一，但是當你站在棒球用具展示櫃前，想要挑選一只手套時，你會發現——什麼！棒球手套也太多種了吧！該怎麼選啊？

一次弄懂棒球手套

投手手套

　　不能使用白色或灰色，縫製線、皮繩、綁繩也得使用同一種顏色，因為棒球是白色的，如果手套又採用紅白配色，可能會誤導打擊者視線。此外，投手手套有個最特別的地方，它的「球擋」是密閉式的，通常使用整片皮革或是以皮條編製成密網，讓人無法透過縫隙看到投手握球的手勢，避免對手猜到下一

球擋

投手

球的球路。更重要的是，當投手遭遇打擊者擊出的中間方向強勁平球時，由於投手距離打擊手更近，這時如果投手需要攔下這球，就得靠著手套上強韌的球擋。

捕手手套

因為襯墊的材料特別厚，球擋是單片的形式，完全看不出手套指間的縫隙，所以獲得了「無指手套」這個稱號。捕手最常面對的就是投手強勁的球速，一場比賽下來，也是全場接下高速球最多的人，所以手套必須具有良好的避震效果，以保護手指關節。因此，捕手手套周長可以做到 96.5 公分，也沒有重量限制，是所有手套中最大最重的一種。

捕手

一壘手手套

乍看之下就像小一號輕薄款的捕手手套，一樣沒有重量限制，但長度要在 30.5 公分以下、手掌寬度在 20.3 公分以下，有兩片式的球擋，看起來像是長版的手套。因為一壘手是跑壘者的第一關，和跑者分秒必爭，也是讓對方出局最多的野手，所以差上一掌、半步都非常多，如果手套夠長就更有機會搶先接到球，讓跑者出局。

其他內外野手套

至於二壘手、三壘手、游擊手以及三位外野手，可以使用完全相同的手套參賽喔，但如果要仔細講究的選用，還是會有一些細微的不同。

　　二壘手是人稱雙殺的製造中心，因此手套類似小一點的投手手套，「球擋」淺，方便接到球後立刻拿出來傳給其他壘手。

　　三壘手的球擋比二壘手深，會打造成十字形，因為飛往三壘方向的球往往強勁一些。

　　游擊手守備位置在二壘和三壘之間，和二壘手一樣有雙殺的重擔，所以球擋也不會太深，通常會呈現「工」字狀。

　　外野手很明確的目標就是接高飛球，接球時必須仰望高空伸出手，因此手套會做得比較大、質料比較輕之外，球擋也會做成雙十字狀，讓外野手接球時能夠透過縫隙看到球，輕鬆舉高也不會擋到視線。

一般棒球手套都是戴在非慣用手，如果習慣右手投球要戴左手手套、左手投球要戴右手手套，這樣才可以順暢的一手丟球、一手接球啊！千萬別買錯嘍！

⚽ Q5
什麼是香蕉球？

派派，看我的香蕉球！

香蕉球不是這個意思吧！

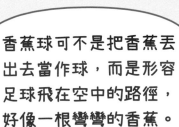

香蕉球可不是把香蕉丟出去當作球，而是形容足球飛在空中的路徑，好像一根彎彎的香蕉。

香蕉球是形容足球彎彎的飛行路徑。

　　香蕉球？是把球做成彎彎的香蕉狀嗎？還是有香蕉味的球呢？都不是啦！「香蕉球」這個名詞，最早是出現在足球運動中，形容球被踢出去後的運動路徑，有一道彎彎的弧線就像一根香蕉，而不是在形容球的形狀和味道。

　　這種球在完美的狀況下會繞過防守的人牆，看似就要錯過球門出界了，卻忽然拐進球門，讓守門員措手不及，順利射門得分。所以一旦有球員踢出香蕉球射門成功，全場必定歡聲雷動。

香蕉球怎麼形成的？

　　如果仔細觀察那些神奇的香蕉球影片，你可以發現這些會轉彎的球，正在一面前進、一面快速旋轉，而且旋轉方向跟路徑彎曲方向一樣喔！可是這顆球旁邊只有空氣，沒有其他人碰到，為什麼會轉彎呢？難道空氣中有魔法？或許應該這麼說，球員的踢球技巧讓球旋轉前進，而球的旋轉與空氣的流動方式，一起變成了讓球轉彎的魔法。

　　當球往前飛，空氣就會相對的往後方流動，這時球如果開始向左旋轉，你會發現球體右方空氣流動的方向，和球旋轉的方向相反，所以壓力會變大；相反的，左方的空氣，卻是順著球的旋轉方向流動，壓力較小。當右方壓力大，左方壓力小，球就會偏左邊移動，變成飛行路經彎曲的香蕉球了。

球員怎麼踢出香蕉球？

　　首先，足球員必須練習踢出能夠快速旋轉的球，例如：用腳內側踢球時刻意摩擦球的邊緣，加強旋轉力道。接著試著調整自己踢球時的姿勢和身體動作，保持平衡練習控制球的方向。當學會控制旋轉球的方向後，就是實戰經驗的練習了，一旦學會根據自己在賽場上的位置，隨時調整踢球的方向和力道，就有機會在球場上展現美妙的彎彎香蕉球啦！

香蕉球裡的物理學──「馬格努斯效應」

「香蕉球」快速往前旋轉並轉彎的這個現象，在物理學上稱為「馬格努斯效應」。綜觀各種球類，不只足球會轉彎，像是高爾夫球、棒球、乒乓球……只要是可以被擊出的圓球運動，幾乎都會有類似的運用，只是每一種球的練習技巧和身體運動部位不同，但幾乎都能騙過對手，呈現出奇不意的攻勢唷！

不只黑白形狀不同，數量也不同。

　　說起足球的球，你會想到什麼呢？是黑白相間的經典配色吧！沒錯，傳統足球，是由 32 片黑白相間的多邊形皮革縫製而成，試著回想一下，你還記得這一片片的皮革是幾邊形嗎？所有的皮革都是一樣的形狀嗎？

　　如果你不太確定，請再次捧起足球，數一數黑色皮革的邊，再數一數白色皮革的邊，然後你就會發現，原來它們不一樣！黑色是正五邊形，白色是正六邊形，而且居然都有固定的位置和片數，像是每一片白色的正六形，都有三個邊連接著黑色的其中一邊，另外三個邊是接著白色，在這樣規律的組合之下，總共用了 12 片黑色皮革和 20 片白色皮革，縫好充氣後，成為一個很接近圓形的球體。

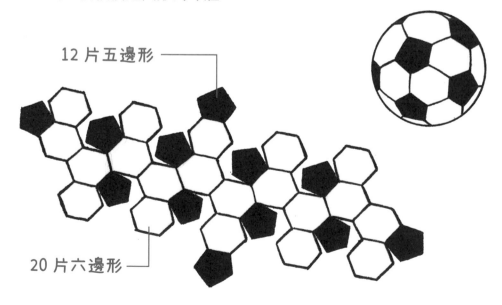

12 片五邊形

20 片六邊形

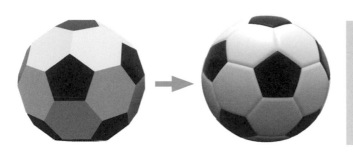

左邊的圖呈現將這些五邊形和六邊形縫合後還沒有充滿氣的樣子，右圖呈現充氣飽滿後就會成為圓形的足球。

圖片來源：維基百科 Shawn Smith

太圓的球反而不好踢

在足球競賽中，太圓的足球居然使球員感到困擾，因為過度圓滑會讓足球缺少摩擦力，這代表著球員很難用腳好好控球，而且難以讓球旋轉。甚至還有點像塑膠製的充氣球，在飛行時會突然慢下來或往上飄，導致守門員和足球員都無法用經驗來判斷或預測球的軌跡。

這個現象在 2010 年的南非世界盃得到了應證，當時的官方用球「Jabulani」這款足球，就是經過改良後用了較少的球片，打造出史上最圓的足球，卻發生了球員不好控球的狀況。

2010 年，國際足球總會使用了比較少的皮革片製成的世界盃用足球——Jabulani，祖魯語的意思是普天同慶。

圖片來源：維基百科 Aaron Rotenberg

為了電視轉播而設計的黑白顏色

其實最早的足球是使用豬膀胱充氣而成，後來才將豬膀胱換成了塑料，裹上條狀的棕色皮革。1970 年前世界盃使用的足球，比較像棕色的排球，直到 20 世紀初，黑白電視出現了，可以轉播足球比賽之後，才開始有了改變。

因為大家發現賽場上的足球，在電視的黑白畫面裡，實在不太顯眼了，人們緊盯著電視轉播，卻常常找不到球在哪裡。當時的體育用品製造商愛迪達，也發現了這個現象，為了吸引電視機前觀眾們的目光，立刻針對黑白螢幕設計了一款黑白相間的足球稱為「電視之星」（Telstar），開啟了足球最經典的面貌。當然，陸續都還出現許多改良的配色和款式，但是黑白相間的足球，已經深植球迷心中了。

Q7
足球場草坪顏色不同，是怎麼做出來的？

在足球場草皮上剪一剪、壓一壓，就能創造雙色草皮。

世足賽或各種足球盃開始前，最先映入觀眾眼簾的，通常是那片綠油油的足球場，尤其是標準的盛大賽事，場上的草坪總是一深一淺，規律又漂亮。「這些都是人工草皮吧！」對於這麼賞心悅目的畫面，心中不免出現這樣的疑惑，但是看著比賽時，又發現球員快速鏟球時，居然把土和草皮都鏟飛了，這實在太天然啊！但如果是天然草皮的話，該怎麼做出這種規律的深淺效果呢？

有人說一定是種植不同的草種！有人說會不會是在草上噴漆？都不是的！在每一次比賽前，專業整理人員用剪草機修剪草皮的同時掛上壓棍，一條一條的按照不同方向一邊修剪、一邊輾壓。一旦草被輾壓過後，葉片倒伏的方向不同，葉片反射的光就有差異，這時人們眼中的足球場，自然就變成一深一淺規律的場地了。

> 如果你把整片草皮想像成一大塊方形的絨毛抱枕，接著把一半的絨毛順向摸過去，另一半的絨毛逆向摸回來，你就會發現這顆絨毛抱枕看起來居然一半深、一半淺，足球場上的草皮深淺大致就是運用這樣的原理。

球場還可壓出不同的紋路

為什麼要在足球場的草坪上，做出像斑馬線一樣的紋路呢？有人說，在草坪上做出紋路可以幫助大家辨別足球和球員的距離，也可以協助裁判

辨識球員是否犯規。不過，實際上足球的規則中並沒有規定足球場一定要做出紋路，因此，各國的足球場也會畫出不同於斑馬線的紋路，例如英國切爾西足球俱樂部的球場就喜歡用格子紋路；萊斯特城足球俱樂部還以做出不同的草坪紋路聞名。

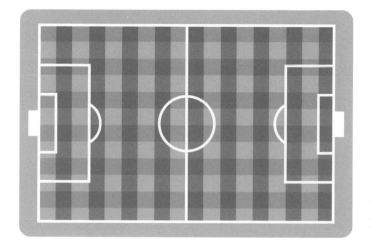

切爾西足球俱樂部的
草皮紋路（示意圖）

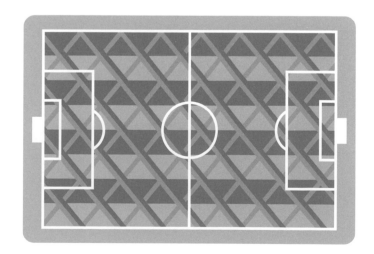

萊斯特城足球俱樂部的
草皮紋路之一（示意圖）

天然草皮與
人工草皮

確實，足球場的草皮也有分成人造草皮和天然草皮，甚至最新的設計還有百分之九十五的天然草皮，混合了百分之五的人造纖維。雖然天然的草皮養護非常不容易，但是舉辦大型的國際賽事時，國際足球總會還是規定以天然草皮做為標準比賽場地，並且要求每隔 4 公尺就做出深淺不一的紋理。因為天然草皮在照顧良好的狀況下是柔軟的，摩擦力不像人造草皮那麼大，提供球員良好的緩衝與保護。而足球員在人造草皮上激烈的搶球滾動或滑動時，往往較容易出現類似摩擦地毯的那種灼傷，而且人造草皮具有很好的彈性，足球落地彈起的力量較大，多少影響球員的控球。

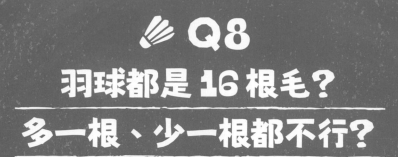

Q8
羽球都是 16 根毛？
多一根、少一根都不行？

鴨子真可愛！

地上好多小羽毛喔，可以收集起來做成羽球嗎？

羽球的製作，恐怕不是你想的那麼簡單吧！

真的沒有這麼簡單，羽球的羽毛都是精心挑過的，而且一定要16根！

羽球的羽毛，多一根或少一根都不平衡。

羽球是不用剖開就能看見結構的球，只要撿起一顆來觀察就能簡單的分析出，它是由一個半圓柱狀的軟木球頭，加上 16 根羽毛規律的交疊組成。令人好奇的是，為什麼一定得要 16 根羽毛？這 16 根羽毛又是誰的羽毛呢？

一顆良好的羽球，所選用的羽毛其實非常講究，通常是選用鵝毛或鴨毛，其中又以鵝毛做出來的品質更好，因為鵝毛生長時間比較長，毛桿比起鴨毛更加堅固耐用，所以比賽用球多半使用精挑細選過的鵝毛。甚至有此一說，最頂級的球只選用鵝左邊翅膀的羽毛來製作，這種球在飛行時可以穩定的旋轉，達到完美的飛行，讓球員發揮最佳的控球能力。

羽球的羽毛還得要同一個生長方向

什麼！一顆羽球上的羽毛，還區分左邊或右邊翅膀的羽毛才行？是的，以動物生長構造來說，鵝和鴨左右兩邊的羽毛毛片生長方向不同，所以當兩種羽毛交錯放在一起時，確實會讓球的構造變得混亂，導致飛行中旋轉不穩定。而一隻鵝左右兩邊可以使用的羽毛，加起來大約只有 20 根，鴨的體型小又會再少一點，大約只有 16 根，如果都得選用同一邊羽毛的話，一顆羽球就需要兩隻鴨或兩隻鵝的羽毛。這一顆看似輕薄的小球，實在得來不易啊！

16 根羽毛剛剛好

　　人們曾測試過不同的羽毛數來製作：8 根羽毛，空隙太大，重量太輕，沒有飛行阻力，擊出去的球不會自轉；12 根是想選用大片一點的羽毛來製作，但自轉和翻滾時會突然不太穩定；32 根羽毛排列太密，重量太重飛不起來；只有 16 根羽毛插在軟木球頭上造成的平衡對稱，近乎完美，重量不大不小接近 5 克，擊出之後的自轉狀況和運動路徑最穩定。於是世界羽球聯盟，將 16 根羽毛的這個規範訂定下來，成為現今羽球的標準。沒想到吧？小小一顆羽球，蘊含了這麼多的製作學問。

　　隨著科技進步，有些廠商試著研發不一樣的羽球，目前有廠商生產出 15 根毛的羽球，不過它們使用的是人造材質，不是天然羽毛。然而，羽球愛好者似乎還是不太習慣，很快的重返 16 根天然羽毛的懷抱嘍！

是的，羽球的羽毛是 16 根羽毛疊合而成，一根壓著一根，兩根羽毛間有將近半根的重疊。在這種構造下，羽球本身的旋轉方向是固定的，不論球員如何切球，羽球都會規律的自轉。

而羽球的自轉控制著飛行的穩定性，這個邏輯和手槍子彈的自轉與彈道很像唷！也就是說，你打出去的球越早進入穩定的自轉，飛行軌跡就越穩定，球就會強勁有力不會飄來飄去。

Q9
羽球拍的線是被球打斷的嗎?

羽球拍線確實會被球擊斷，
但斷掉的原因不止這樣！

　　激烈的羽球賽中，「啪」的一聲，原來是球拍的線斷掉了！「怎麼會？羽球拍線是很細，但也很堅韌啊？是強勁的球速把它打斷了嗎？」這個問題的答案，可以說是也可以說不是，因為斷線原因很多，我們先來認識一下羽球拍的構造吧！

　　羽球拍是羽球運動中，唯一直接接觸羽球的重要球具，構造主要是拍框、中管和握把，與最關鍵的羽球拍線。拍框和中管的材質，通常使用輕盈又具備韌性的材料，像是碳纖維混合鈦合金或鋁合金，而羽球拍的靈魂──羽球拍線，通常是耐用又兼具彈力的合成纖維，像是尼龍或聚酯纖維。

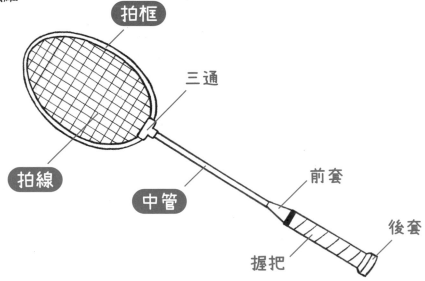

拍框

三通

拍線

中管

前套

後套

握把

在正常狀況下，羽球拍線絕對能夠承受羽球瞬間的撞擊和拉扯，不會輕易斷裂。但是羽球拍線的粗細、材質成分，穿線時的繃緊程度，以及使用損耗程度，都可能是造成球拍斷線的原因。

斷線原因追追追

其實，羽球拍斷線的原因五花八門，不僅與球拍、球線的硬度與彈性息息相關，羽球拍的使用頻率、方式與保存環境，甚至連天氣的冷熱變化，也都有可能導致球拍線在擊球瞬間斷掉！

每個球員的擊球力道大小不一樣，使用羽球拍擊球的習慣與方式，都可能是羽球拍斷線的原因。甚至，可能是剛好這一球打在容易斷裂的地方，或拍線最緊繃、耗損最嚴重之處，也可能是對手真的羽功高強，每一球都是強勁高速的殺球，當球拍線承受不了就瞬間斷掉！

球拍是球員決勝負的關鍵之一，而幫球拍穿線的穿線師就變得非常重要囉！羽球選手戴資穎的球拍，原本都是由戴爸爸親手穿線，後來才改用電子穿線機協助穿線，致力穿出符合她使用需求的球拍。

我也想找戴爸爸穿線！

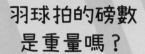

羽球拍的磅數是重量嗎？

買羽球拍的時候，常聽到人講到「磅數」，這是指球拍拉線的鬆緊度。磅數越高，球拍的球線就越緊，拍面就越硬。兩支同樣材質的球拍、穿了同樣材質的球拍線，一支球拍線繃緊、一支不繃緊時，就算用同樣的力道與方式將羽球打出去，也會呈現不同的效果。

磅數高的羽球拍拍面比較硬，球碰到拍面後反應速度很快就飛出去，所以出多少力量就會直接打到羽球上，需要控制方向的技術高；磅數低的羽球拍拍面彈性大，羽球碰到球拍線時，產生像是碰到彈簧床的效果，可以飛得又遠又高。

至於要選磅數高或磅數低的球拍，則要依照每個人的技術或需求不同，通常初學者會選磅數低的，學會控制方向後，再選磅數高的球拍。

 許多羽球好手更喜歡磅數高、彈性小的拍面，可以減少擊球時亂彈的機率，讓他們比較容易控制球的路徑喔！

網球拍就像選手延伸的手臂，每個人的選擇都不一樣！

　　網球是一種極度需要協調全身力量的運動，然而每個人的體型、手臂長度、肌肉力量、使力方式，以及擊球技巧都不一樣，如果網球拍就像選手的延伸手臂，卻只能使用同樣規格的球拍，勢必會造成無法平衡的現象。為了讓人們選擇真正適合自己的網球拍，網球拍不僅沒有被限制成統一規格，反而衍生出琳瑯滿目的選擇呢！

網球拍的構造

　　網球場上這麼重要的「延伸手臂」該怎麼選呢？首先，拍面大小是最基本的考量方向。接著，球拍重量的挑選重點，分成整體的重量與拍頭的重量，不過兩者之間必須相互平衡才行。最後，球拍線密度也是關鍵之一，網球和羽球有著雷同的特性——球拍線就是球拍的靈魂。

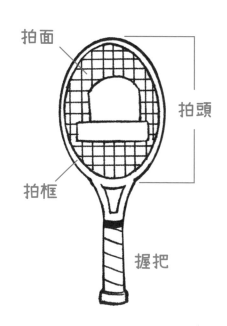

拍面

拍頭

拍框

握把

球拍拍面

　　大致區分為大、中、小三種。拍框越大，拍面越大，可以擊球的範圍就越大。換句話說，就算打網球時不小心偏離了，拍面大的也能把網

球反彈出去，不需要費太多的臂力，但缺點是缺乏準確度，網球會有較大機會亂彈。

中小型的球拍拍面小，彈力相對沒有這麼大，必須打在較精準的擊球區才能擊出好球，但優點是網球彈出的路徑比較穩定，球員就能預測自己球路，便於在比賽中安排策略。

 網球選手通常不會選用大拍面的網球拍，喜歡在球場上展現技巧和戰術的球員，則會選擇最小拍面的網球拍。

球拍重量

包括整體重量與拍頭重量兩方面，著重在兩者之間的平衡。整體來說，較重的球拍會讓球員在揮拍時動作慢一些，但是揮拍效果比較穩定，也可以承受強勁的來球，只是球員自己出的力氣要更大，所以較重的球拍，拍頭會打造的比較輕；而較輕的球拍好操控，球員可以自在的揮擊和發力，可是面對強球時可能會鎮壓不住，容易翻拍，所以較輕的球拍會在拍頭加重重量。

球拍線密度

球拍線密度較疏的網球拍，線與線之間距離較寬，可以讓網球停留的時間拉長，承受的撞擊力量的與回彈力都較好，有助於擊出強勁的旋轉球。而球拍線較緊的網球拍，與網球接觸的面積較大，吸收的撞擊力量與回彈力都較低，適合用於控制球的走向。

在網球場上，不管競爭有多激烈，球員的每個揮擊動作都非常優雅，尤其發球動作更是力與美的展現。因為網球選手擊球時，從腿部開始發力，推動到身體，讓身體的轉動帶來更大力量，一路傳送到手臂，接著延伸到網球拍，最後將力量完完整整的傳遞出去。在這一連貫的動作之下，網球拍就像球員手臂的自然延伸，動作越是流暢的人，越能做到人拍合一，把擊球效果發揮到極致。

台灣網球選手謝淑薇就把球拍練到像是手臂甚至手掌的延伸，她從來沒有打壞過球拍，也不記得何時弄斷過球拍線，她只想著專注打網球。

4 ⟵ 3 ⟵ 2 ⟵ 1

網球的外層絨毛有助於控球！

　　黃澄澄、毛茸茸的網球，乍看之下和棒球差不多，只是少了紅色縫線，多了黃色絨毛，剖開會有什麼差別嗎？網球的構造比棒球簡單，剖開後是空心的，由兩個半球體的厚實橡膠組合而成，外層則是貼著一層絨毛。

　　工廠裡製作網球的過程，像極了製作沒有餡料的球形車輪餅。先調配橡膠原料，製造出分量適中的橡膠塊，再置入半圓形的模具裡，熱壓製成空心的上蓋和下蓋，最後將兩個半球結合在一起，成為網球的基本構造。

　　然而，過於光滑的空心橡膠球彈性太大，這種球難以控制，擊出後的走向與變化，往往跟球員預想的不一樣。經過多年的演變，光溜溜的橡膠球，裹上一層絨毛，摩擦力大增不再難以控制。這層薄薄的絨毛一點都不簡單，是用羊毛混合尼龍和棉花編織後，再泡水收縮、烘乾而成。

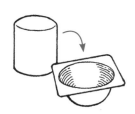

將橡膠塊熱壓成半球形。

將兩個半球黏起來，變成一顆球。

將絨毛布裁切成兩塊。

將絨毛布黏在橡膠球外部。

絨毛禿了就要換球

網球上的絨毛可以發揮大作用，讓網球的彈跳變得比較規律，球速也不像橡膠球那樣噴得飛快，甚至提高了較強的摩擦力，創造出容易旋轉的效果，為網球運動帶來更多可看性。網球的絨毛到底有多重要？一場正規的國際比賽中，一顆網球使用了 9 局就會更換，因為選手在來回拍擊的過程中，絨毛會不斷的磨損脫落，網球拍逐漸抓不住變得光禿的網球；而核心的空氣也會從內部緩緩溢出，失去原本應有的效果。球員大都很在意網球的絨毛，甚至在第一次發球失誤後，立刻重新選擇絨毛較為蓬鬆的網球，希望藉由增加球與球拍的摩擦力，提高第二次發球成功的機率。

網球的絨毛可以增加摩擦力，棒球的縫線可以增加摩擦力，籃球的顆粒與紋路也可以增加摩擦力，而光滑的乒乓球又是如何增加摩擦力的呢？讓乒乓球旋轉起來的祕訣在球拍，球拍角度和揮拍方向決定摩擦力的大小和方向，球拍拍面的膠皮不同，摩擦力也不同哦！

網球的絨毛

棒球的縫線

籃球的顆粒
與紋路

乒乓球拍
的膠皮

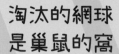

淘汰的網球 是巢鼠的窩

根據統計，美國網球公開賽每年使用後淘汰的球，足足超過了 10 萬顆，而溫布頓網球公開賽每年也用掉 5 萬多顆，這些淘汰的網球就丟棄了嗎？其實人們做了不少努力呢！除了回收再利用，捐給需要的學校做為練習用球，甚至供給可愛的小動物使用，像是英國各地的動物保護協會，利用這些淘汰的網球為巢鼠打造可愛的小家園。

當地的巢鼠面臨生態與棲息地的改變，時常遇上一年一度的洪水，洪水總是輕易摧毀牠們用蘆葦和碎草建造的巢穴。而英國動物保護協會發現，只要在網球上開個小洞，並架設在距離地面 1～1.5 公尺的地方，就能變成這些巢鼠的防水屋，捕食者也難以穿進小洞吃掉牠們，大大增加了小巢鼠的存活率呢！

Q12
鷹眼裁判好？
還是人眼裁判好？

哇，他決定挑戰「鷹眼」了！

你說的鷹眼，不是復仇者聯盟的鷹眼吧？

鷹眼系統是球場上的輔助科技，協助裁判做出關鍵判決！

鷹眼裁判是**協助裁判**的好幫手！

　　經常觀看國際球類賽事的人，一定早就認識「鷹眼」，但它真正在台灣打響知名度，是在 2020 年東京奧運羽球男子雙打金牌戰上，當天台灣羽球男雙選手在決勝點，遇上對手提出的鷹眼挑戰，接著轉播畫面就開始回放，秀出那顆羽球飛行的路徑，以及扎扎實實落在邊線上「IN」的畫面。

　　從此之後，大家觀看球類賽事時，免不了想著「有沒有鷹眼可以看？」，希望鷹眼系統幫忙揪出裁判無法判斷的關鍵瞬間。

　　鷹眼系統是一種球賽錄影之後，再抓出來回放查看的系統嗎？如果你這麼想，可是個天大的誤會啊，鷹眼系統並不是單純的錄影慢動作回放，而是一種影像即時回放系統！鷹眼系統又是怎麼運作的呢？

　　首先，球賽現場必須架設多部高速攝影機，從不同角度記錄與追蹤，整場球賽裡球的飛行軌跡，同時透過電腦運算各種數據，像是球的體積、重量、場地風速、光線等任何影響球飛行的因素，建立 3D 動態影像在現場大螢幕上播放，判定結果。

當球員透過鷹眼挑戰裁判的判決時，螢幕上顯示的飛行路線及著地位置，以及最後呈現出界內或界外的影像，其實是透過 AI 程式、光學攝影、電腦視覺技術，結合而成的電腦模擬影像，並不是真實的影片回放喔！

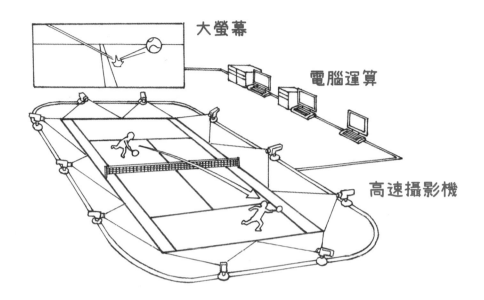

大螢幕

電腦運算

高速攝影機

鷹眼並非百分百準確

　　鷹眼系統可以解決人眼裁判看不到的死角，讓人們大為驚豔、讚嘆，可是隨著各種球類比賽廣泛運用這個系統後，鷹眼面臨的挑戰越來越多，因為它畢竟是測量和電腦運算後的合成影像，而不是真實的畫面回播，所以質疑的聲音開始出現。有一派人認為只要某個數據稍微出現變數、錯誤，或是某台攝影機沒有跟上，合成的影像就有可能出現誤差，卻會被當成正確的裁判。

　　到底是鷹眼裁判好，還是人眼裁判好呢？這兩種裁判是互相幫助的關係，當人眼裁判的判決有爭議時，鷹眼裁判可以即時提供協助。為了避免鷹眼裁判可能的失誤，像是容易受到場地空調影響的羽球項目還會加入「即時重播判定系統」來輔助，讓比賽更加公平、公正。

鷹眼也會失誤

2017 年時，在一場西班牙的納達爾對上克羅埃西亞的丘里奇網球比賽中，丘里奇擊出的球被判出界，於是提出「挑戰」。不料，鷹眼卻沒有出現任何飛行的路徑與球的落點，只是不斷拉近鏡頭，使得場面略顯尷尬，最後是由主裁判宣布「系統未能顯示球，但它們確定球在界內」這個結論。

「鷹眼」除了接受球員的挑戰，計算出球的落點給出判斷，還能拿來預測球的飛行路徑喔！

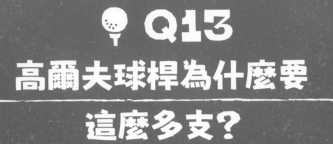

Q13 高爾夫球桿為什麼要這麼多支？

高爾夫球是個場地複雜多變的運動，
不同的場地使用不同的球桿。

　　一套完整標準的高爾夫球桿，總共有 14 支，因為上場比賽時，球袋最多也只能帶 14 支。為什麼高爾夫球運動需要這麼多球桿？因為耗損的很快嗎？所以帶著備用？可是，每支球桿都長得不太一樣耶！

　　高爾夫球桿之所以會有這麼多，的確和備用有點關係，但不是為了耗損太快的那種備用，是為了因應球場多變的環境，才會帶著功能各異的球桿，以備不時之需。

木桿和鐵桿的不同功能

　　依照桿頭的形狀，人們大致將球桿分為木桿和鐵桿兩大種類型。

　　木桿的特色是重量輕，可以增加擊球距離，通常在開球時使用，依照大小可以分成 1、3、5、7 號。木桿 1 號是球桿中最長的，通常用來開球，因為它擁有大型的球頭，可以提供最大的擊球距離。木桿 3 號和 5 號，通常在球道上使用，所以又有球道木桿的稱號，具有較小的球頭和較平的擊球角度，一樣能夠擊出長距離，不僅讓球飛得更穩定，同時具備一定的飛行高度。7 號則是比較少用到的球桿。

 早期的木桿，真的是木頭製作而成的桿子，然而隨著科技的演變，現在已經都不是木頭材質，發展成碳纖維的桿身、鈦合金的桿頭，因為這樣的球桿可以打得更直、更遠。

　　木桿之外的就是鐵桿，根據桿子斜面角度和桿柄長度來區別，分成鐵木桿、長鐵桿、中鐵桿、短鐵桿，以及果嶺四周或是沙坑用的特殊桿。

　　鐵木桿結合了木桿和鐵桿的特點，用在擊球距離較遠，但不適合使用木桿的時候，它的球頭比木桿小，擊球角度較平，提供人們更好的控制力。而長鐵桿、中鐵桿、短鐵桿的編號，從1號到7號，號數越小的，桿子長度越長、桿面角度越小，擊球的距離就可以越遠。

　　極短桿也是鐵桿的一種，有人稱它為挖起桿，運用在極短距離的擊球，有的可以把球從沙坑中挖起來，有的可以打出短短的拋高球。

　　最後，最有名氣的就是推桿，專門用在果嶺上輕輕的把球推進洞，所以推桿具有平坦的球頭和垂直的擊球角度。

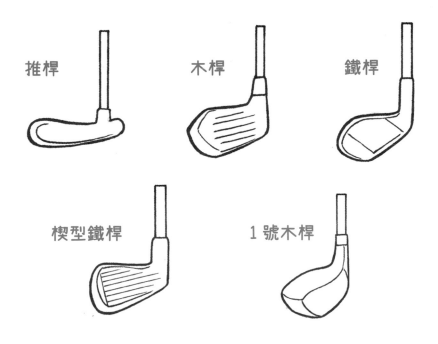

推桿　　木桿　　鐵桿

楔型鐵桿　　1號木桿

不能一桿打到底嗎？

這些不同的高爾夫球桿，真的會讓揮擊出去的球，出現長短距離的差異嗎？是的，每一種球桿的球桿頭角度都不一樣，擊球的效果自然也都不一樣。

想一想，人們可能只用一種桿，一路打到底嗎？既能打出 270 碼（約 247 公尺）的遠距離球，又能打成 90 碼（約 82 公尺）的短距球嗎？答案是不太可能的，所以只好多帶幾種球桿去打球啦！

小凹洞可以讓球飛得更遠唷！

高爾夫球有個可愛的暱稱——小白球，小白球遠遠看起來像是布滿了小圓點，近看卻是一個又一個的小凹洞，這可不是為了和桌球有所區別，而是為了讓球飛得更遠。

小白球一開始不是小白球

最初的高爾夫球，和小白球或小凹洞一點關係都沒有，是用山毛櫸木雕出來的「小木球」，當時的球桿也是木頭製的，可以說是個硬碰硬的擊球運動。

小木球又重又硬，不僅每顆大小都有點不同，還容易受潮、破裂，飛起來既不穩又不遠。為了提高球的飛行能力，人們開始試著改變球的重量，製作出內部塞滿輕盈羽毛的「小皮球」。

小皮球是用牛皮革縫出來的球型外殼，填充煮過的鵝毛或雞毛，製作過程繁瑣又耗時，所以價錢有點昂貴，加上還有容易破損的問題，最後只有有錢人才買得起，還是無法廣泛的使用。直到一種便宜、耐用的樹膠球出現，高爾夫球才開始漸漸普及。

樹膠球是用熱帶果樹樹液加熱後塑造出來的，不僅堅固又有彈性，還能飛得更遠，人們很快就發現這種球便宜、耐用，飛起來又更穩更遠，高爾夫球員也開始廣泛使用橡膠球。

小凹洞靈感來自打凹的球

　　起初，橡膠球沒有特別設計小凹洞，這些小凹洞的靈感來自哪裡呢？居然是因為人們發現球打到有刻痕、有凹陷之後，這種耗損的球變得更好操控，比光滑的新球飛得更高、更遠。於是，如何設計這些小凹洞的排列組合，成為高爾夫球的重點之一。

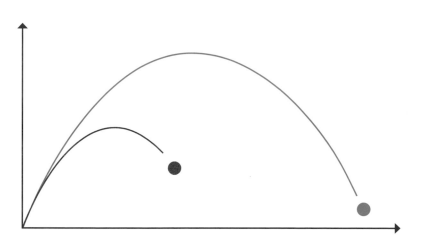

有凹洞的球，飛行距離幾乎是沒有凹洞的兩倍遠。

 隨著人造合成橡膠技術的進步，陸續發展出以橡膠為主要材質的各式各樣高爾夫球，現在還有兩層球、多層球的變化唷！

小凹洞作用大

每顆小白球表面的凹洞，大約300～500個，而每個凹洞的深度，大約只有0.025公分。這些小凹洞的作用，類似網球上的絨毛或棒球上的縫線，可以減少空氣阻力。

光滑的高爾夫球在飛行時，空氣流經球的表面形成邊界層，空氣邊界層與球體分離後，在球的後方形成一個尾流區。尾流區越大，壓力就越小，對球的壓差阻力就越大。而布滿凹洞的球，每個凹洞都會在球的邊緣製造很多小漩渦，延遲空氣邊界層與球體的分離，使得尾流區變小，前後壓差所形成的阻力減小，球可以飛得更遠。

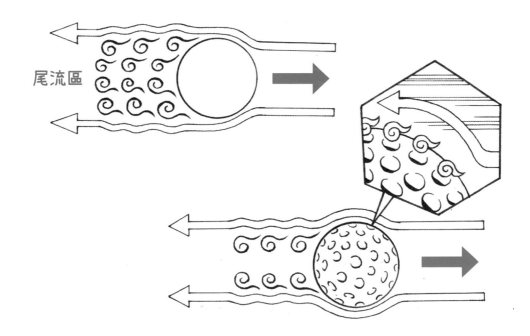

尾流區

◎ Q15

撐竿跳高的竿子越長，就能跳得越高？

田 徑

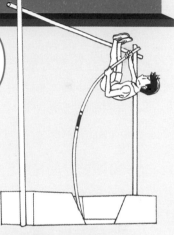

竿子越長，當然就能跳得高呀！

我覺得事情沒那麼簡單。越長的竿子一定越容易斷掉……

撐竿跳高的竿子越長，儲存的力量就越多，當然就有機會跳得越高，但是……

撐竿跳高的竿子越長，有機會跳得越高，但不是絕對的！

　　總是借「竿」使力的撐竿跳高選手，彷彿與手上的竿子合為一體，在空中畫出一道流暢的運動路徑，所以除了運動技巧的差異之外，竿子的材質、特性與長度，絕對也是影響選手表現的關鍵之一。

竿子長短的影響

　　在撐竿跳高運動中，選手利用竿子具有彈性可彎曲的特性，憑藉竿子彎曲時儲存的能量騰空跳起，在完成一系列複雜的動作後越過橫竿。理論上，扮演儲存能量角色的竿子，長度越長儲存的能量就越多，選手可以借助的彈性也就越大。

　　可是，竿子越長越有彈性就越難控制，使用長竿時需要更強的控制技術、體能和平衡力，才能掌握竿子的彎曲和放手越過的時間點。相對的，使用短竿時穩定度比較高，撐竿過程也比較容易掌控，但是竿子儲存的彈性能量會相對較少，所以短竿選手起跳的高度就會受到限制，進而影響跨越的成績。

竿子長短之外的影響

　　其實，不只竿子長度會左右選手表現，竿子的材質、重量也會產生影響。在田徑規則裡，沒有特別規定選手使用的竿子長度、材質或重量，因

此選手可以依照自己的身體與習慣選用。

在田徑規則裡，只有要求竿子表面必須是光滑的。

不過，撐竿跳高選手真正要獲得優秀的比賽成績，除了選擇適合自己的竿子之外，還得配合身體力量和動作技巧的基礎鍛鍊才行，想成為撐竿跳高好手並不簡單，既要具備短跑選手的肌肉爆發力、跳高選手的靈活身手，還要擁有體操選手的肢體協調動作，必須懂得如何善用身體的力量呢！

竿子材質的演進

撐竿跳是一項從古希臘、羅馬時期就有的運動，當時的人們就地取材，以竹子或木材參加過河競賽，在過程中竿子就只是個支撐點，成果全看選手的技巧展現，但竹子和木材非常容易斷裂，經常導致人們受傷。

隨著時代變化，人們開始改造竿子，先是選用了鋼鐵、鋁合金，這些材質比起木竿不容易斷裂又耐用；接著玻璃纖維混合塑料的技術萌芽，也立刻被運用在竿子上，讓竿子不但越來越輕盈，還兼顧了彈性；最後是現在廣泛使用的碳纖維材質，它具

內層：玻璃纖維
中層：碳纖維
外層：碳纖維

有極佳的強度和彈性，重量卻是所有材質裡最輕盈的，成為當今選手的首選。有瑞典飛人之稱的杜普蘭蒂斯，在 2024 年第八次改寫世界與自己的紀錄，跳出 6.24 公尺的最高成績。

撐竿跳高怎麼跳？

撐竿跳高看似簡潔迅速、輕鬆優雅的背後，其實是靠著一連貫複雜的高難度運動技能，才能順利一躍而過。如果慢動作播放撐竿跳高選手的運動路徑，可以發現他們藉由快速短跑的爆發力助跑，再把助跑產生的能量傳遞到撐竿上，讓竿子從彎曲到伸直的過程中，產生足夠的反作用力，把自己的身體推向空中，這時就會有足夠的空間，讓自己撐起手臂、扭轉身體，調整姿勢成功的跨越橫竿。

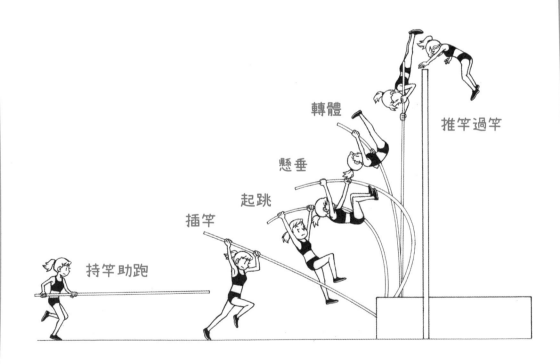

持竿助跑　插竿　起跳　懸垂　轉體　推竿過竿

有，先知道自己的跑步需求，才能選出讓你變輕鬆的鞋。

　　跑步是多數人與生俱來的運動能力，在古希臘時期，跑步就已經出現在令人熱血沸騰的奧林匹克運動盛事中。當時的運動員們衣著簡單，沒有專業的跑鞋，也沒有複雜的訓練計劃，僅憑著天生本能和靈活雙腳向前奔，甚至光著腳都能跑呢！

輕鬆好走的鞋和材料的發明有關

　　人們真正開始思考如何設計跑鞋，在保護腳的基礎上，追求讓跑步變得舒適輕鬆這件事，大約已是 20 世紀中期，因為當時的科技大幅躍進，可以選擇的材質種類也很多元。例如橡膠發明後，1917 年，第一雙為了打籃球而設計的球鞋，就是使用橡膠做鞋底。

　　1960 年代，愛迪達公司推出第一批專業的跑鞋，使用了橡膠鞋底和專利減震系統，大大提高跑步的舒適度和效能，希望幫助運動員追求更好的運動成績。到了 1980 年代，航太科技也提供了設計的靈感。

Nike 公司在跑鞋的研發上，推出了具有創新氣墊技術的 Air Max 系列，使得跑步鞋的減震效果，到達了不可思議的新高度。

被奧運禁止的跑鞋

2019 年，肯亞的兩名跑步選手穿了 Nike 公司設計的新跑鞋參加競賽，紛紛突破新紀錄，其中一位還打破了馬拉松難以突破的 2 小時，以 1 小時 59 分 40 秒完成比賽，讓世界對這款球鞋投以驚奇的眼光。Nike 公司一直在研發跑鞋，這一款在鞋底層中加入了彈性材料碳纖維板，讓跑者在跑步時可以得到很好的回彈力。不過這雙跑鞋被奧運會禁止使用，奧運會希望選手在運動競技上，能以本身的能力來取得成績。

選雙跑鞋輕鬆跑

跑步時人體承受最大的負擔是雙腳，跑步鞋的設計多著重在減震和支撐上，但每個人的腳型和跑步的需求不同，還是要根據自己的目的來選擇。例如田徑場上的短跑好手，他的鞋就是可以提供強大的抓地力和速度的釘鞋和薄底鞋。

如果是專業的長跑者，可能會選擇輕量、透氣，彈性好的厚底跑步鞋。如果是日常訓練的跑步，也可以選擇減震型的厚底跑鞋，吸收腳步落地時的反彈力量，減輕跑步時對膝蓋的回擊，讓你跑起來既輕鬆又舒服！

歷史上第一雙跑鞋是皮釘鞋

　　最早的跑步鞋使用牛皮製成，用以保護運動員雙腳，但穿這種鞋跑步容易滑倒，後來在 1852 年，第一雙跑鞋由博爾頓公司的創辦人佛斯特改良而成，是一雙底部有釘子、抓地力好的跑鞋。這間博爾頓公司也就是現在的 Reebok 運動用品公司。

　　那是一雙鞋面用皮革製成，鞋底黏上橡膠、打上釘子的跑鞋，模樣比較像是底部有釘子的皮鞋，與現代跑步鞋相差十萬八千里，卻也讓當時運動員感受到跑鞋所帶來的幫助。

≋ Q17
人為什麼能站在衝浪板上，
浮在水面上？

因為衝浪板就像船一樣？

就像木板會浮在水面上一樣！

你們兩個都猜得沒錯。不過衝浪還是需要一些技巧，才能做到像海莉老師一樣哦！

衝浪板就像一艘小船，上面的人就像待在小船上，不會下沉。

每到衝浪季節，各方衝浪好手齊聚海岸邊、浪頭上，浪來了，他們先是趴在衝浪板上，狂野的滑水追著浪，浪走了，又趴在衝浪板上慵懶的漂流等著浪，彷彿與大海融為一體。為什麼藉著一塊衝浪板，人就能漂浮在海面上，享受乘風逐浪的樂趣呢？

衝浪板的設計有學問

衝浪板看起來好像很小，但其實長度有 150 到 270 公分不等，寬度也有 60 公分，一個成人躺在上頭也不會太窄。衝浪板的材質輕量，就像一艘小小的船，所以能夠浮在水面上；衝浪者站上衝浪板，就像坐在獨木舟，或是趴在一塊浮木上，也會被水的浮力支撐著。

早期的衝浪板是木頭做的，比起現在的聚氨酯或聚苯乙烯泡沫的材質還要重，但是木頭的重力小於水的浮力，因此木頭做的衝浪板還是會浮在水上，不過攜帶就相當不便。長或短，寬或窄的形狀，又有什麼差別呢？一般來說，衝浪技術還不純熟的人，選擇較大、較寬的衝浪板，有較大的表面積提供比較大的浮力，在水上比較穩定；技術比較好的衝浪者，選擇較短的衝浪板，控制方向比較靈活。

後來的衝浪板還加上了舵，可以穩定的在水中控制方向，就不容易在水面上打轉、打滑。

聚苯乙烯就是保麗龍，而聚氨酯是一種有彈性又耐用的材料，一般會製作成發泡海綿，而製作成衝浪板就會是有硬度的海綿。

原來板子有這麼多種！

衝浪技巧也是關鍵之一

　　單看衝浪板，確實可以穩穩的透過浮力，載著衝浪者在水面上滑行，可是衝浪者是活生生的、有重量的、會晃動的，一站上衝浪板就會出現平衡的問題，因此想衝浪還是需要練習一系列的技巧才行。

　　在衝浪的過程中，保持著輕微的彎曲膝蓋和放鬆的身體，才能靈活的移動和調整姿勢，並隨著波浪的變化調整重心以保持平衡。此外，平時還需要鍛鍊核心肌群和下肢肌肉，提高身體的力量，才能應對波浪的衝擊和保持穩定。更重要的是，衝浪者還要學會讀取波浪的訊息，預測波浪的形狀、大小和方向，並採取適當的行動應對不同情形，才能在波浪前方安全的站穩滑行。

通常，衝浪者趴在衝浪板子上用手划水追浪，趕到波浪的起點或波峰處瞬間站起，藉著波浪的力量在海浪上滑行。但你可能會發現不少衝浪高手，衝上大浪下來之後，居然還可以第二次逆浪而上，這是怎麼做到的？

因為較高的海浪出現時，形成的浪通常不會只有一個，當衝浪者衝上第一個大浪後順勢而下，經由重力位能轉換成動能，加快衝浪者的速度，這時技巧純熟的衝浪高手，就可以立即觀察第二個浪頭，轉動踩板的方向，利用慣性逆浪而上，進行更多衝浪技巧的展現與練習，是衝浪活動中的一項高難度動作，但對熱愛衝浪的高手來說，也是一種極具挑戰和樂趣的衝浪體驗。

我這樣也是在衝浪！

Q18
帆船竟然可以比風速還快！

不可能吧，帆船不是靠風吹的嗎？

我看帆船比賽都超快的耶，說不定……

有可能！逆風航行的話，速度會更快哦！

是的，現代帆船快得超乎想像，還能逆風而行。

帆船航行原理可以說是一項古老而神奇的科學，沒有發動機也能在海洋上遨遊，可以隨風前進也能逆風而行，是什麼原理讓這一切成為可能呢？這和帆、風、水，都有很大的關係喔！

好久以前的帆船

帆船從古埃及時期就誕生了，是埃及人航行在尼羅河和地中海之間，進行生意買賣的交通工具，距今已經有五千多年。當時的帆，是用一片大大的方形帆布，在順風時揚帆前進，遇上逆風就會收帆，靠著水流或船槳划水讓船前進。因為航行的同時還有海水造成的阻力，當時的帆船還無法超越風的速度。

現代帆船可不能一帆風順

隨著文明的演進，船帆在使用過程中開始有了各種改良，三角帆出現了，這種帆船不必因為風向收帆、開帆，也不必手動划船，只要調整船帆的角度和方向就能快速前進，不僅操縱靈活，甚至改變了「順風」才能航行的觀念。

這種帆船的航行，不一定要順風嗎？提到帆船運動，人們通常認為帆船的航行是靠著風的推力前進，所以必須是「順向」吹拂才能順利航行。

但三角帆的特性改變了這個既定印象，甚至如果適當調整三角帆的角度，借助逆風的風力，移動速度可以比順風時快上許多，而且快得超乎你的想像。

原本的帆船面對逆風時，船帆無法接收風的力量推動船身前進，因為逆風會對船帆產生阻力，使得船身前進困難。但三角帆船誕生後，船帆的角度可以調整，帆船面對逆風航行時，只要調整船帆的角度和方向，使得船帆可以接收逆風的力量，藉由風推動風帆形成的反作用力，轉變成航行的動力，帆船就能在逆風的情況下向前移動，甚至比順風航行更快。

　　這得歸功於現代帆船的船帆不是平面，而是一個曲面，可以好好運用康達效應。當三角帆船逆風行駛時，風順著船帆的曲面移動，依照牛頓第三定律作用力與反作用力，風離開船帆時，同時對船形成反作用力，反作用力的分力為船提供前進的動力。簡單來說，三角帆的航行方向通常呈現「之」字形，當帆船面對逆風時，船帆的特殊形狀和船身的設計，讓船帆可以「抓住」逆風，並利用逆風在船帆前方創造一股推進力，如此一來，帆船就能以更快的速度航行了。

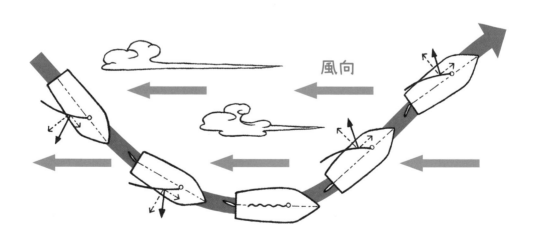

風向

≋ Q19
游泳比賽不能穿全身泳衣！

各種游泳比賽裡，這種稱作鯊魚皮的全身泳衣是被禁止的！

什麼？不能穿全身泳衣，就不能展示我的帥氣了……

難道是怕大家偷藏工具作弊嗎？

不行！如果選手穿了可以**降低阻力**的泳衣，就不太公平了。

競技游泳是奧林匹克運動運會的熱門項目之一，主要是捷泳、蛙式、仰式和蝶式這四種泳姿的分組競技，然而能否勝出的標準都一樣，必須以速度取勝。每個選手都希望擊敗對手的同時，還能成功打破世界紀錄，如何讓自己在水中產生的阻力降到最低，成為關鍵的一環，而穿在身上的泳衣，就會變成那個影響零點幾秒的阻礙或助力。

泳衣是阻礙？還是助力？

大多數的人都知道，穿著衣物下水游泳，太過寬鬆的衣物通常會造成阻礙，影響在水中游泳前進的速度，因此製造泳衣的廠商，總是不斷研發泳衣的設計和材質，還開發出一種名為「鯊魚皮」的全身泳衣。

鯊魚皮泳衣出現之後，成為游泳競賽奪冠的祕密武器！穿上鯊魚皮的選手們，從 2000 年的雪梨奧運開始，不斷打破各項游泳的紀錄，2008

什麼都不穿就下水游泳，可以降低阻力嗎？

排除不能讓選手裸體比賽這個原因，人體的頭髮飄蕩或肌肉晃動，都是游泳選手的阻力，所以戴泳帽套住頭髮、穿貼身泳衣繃住肌肉，反而比裸泳游得更快，在比賽中贏得那微小的秒數之差。

年的北京奧運中更是創了新高，高達 25 項游泳項目的世界紀錄被打破。

這情況引起當時 FINA（國際游泳聯合會，現為世界水上運動總會）的高度重視，2010 年開始禁止參賽選手們穿著全身的泳衣，尤其特別點名禁用鯊魚皮泳衣。

鯊魚皮裡的高科技

鯊魚皮泳衣可以說是一種高科技泳衣，不但採用美國太空總署（NASA）協助開發、可以增加浮力的特殊塗層——聚氨酯纖維材料，還運用「仿生學」的概念，「模擬仿造」鯊魚皮膚上層層相疊的魚鱗，大大減少水流造成的阻力，彈力更是比一般泳衣緊了 70 倍，可以緊貼身體避免空隙，還能緊壓肌肉塑造更流線的身形。

選手穿上鯊魚皮泳衣後，根本不需要泳技與體能，簡直直接化身為敏捷的鯊魚啊！此外，鯊魚皮泳衣價格太過昂貴，參賽的選手不是人人都買得起。為了維護競技體育不借助外力的初衷，也為了保持競技游泳的公平性，於是 FINA 明令禁止選手穿鯊魚皮泳衣比賽。

泳衣材質大不同

　　最早的泳衣是羊毛製的，僅管一點都不適合水性，卻是當時比較不吸水的材質了。直到游泳運動越來越普及，游泳競賽越來越多人支持，泳衣生產商們才積極開發各種可以有效減低水流阻力的泳衣。

　　隨著「尼龍」這種人造纖維材質出現，貼身有彈性、輕量不吸水的特性，完全造福了游泳選手，因為選手穿了紛紛創下超越自己的紀錄。

　　不過，研發人員沒有因此而滿足，在這樣的基礎下，不斷開發出更多類似的材質，像是與尼龍有類似特性的「聚脂纖維」，比尼龍不吸水，也比尼龍牢固耐穿有彈性，成為現今泳衣的主要材質。

Q20
高台跳水的選手為什麼
不會撞到游泳池的地板？

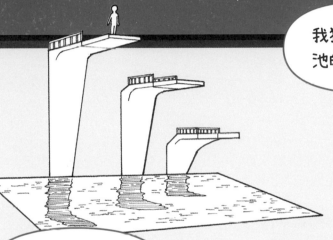

我猜一定是游泳池的水很深啊！

應該是跳水選手都有訓練，一跳進水裡就游開了。

你們猜得沒錯，所以在任何地點千萬不要亂跳水，這關係到安全問題啊！

嚴格的泳池規範，搭配精實的選手訓練，才是不會撞到的關鍵！

高台跳水就是 10 公尺跳台跳水，相當於從三層樓高往下跳，光想就覺得可怕，但高台跳水比賽中的選手們，卻自信滿滿、毫無畏懼的躍起、轉體、翻滾、伸展，短短幾秒內完成這動作，還毫髮無傷穩穩的潛入水中，他們是怎麼辦到的？

跳水池有講究

不是所有游泳池都能跳水，跳水池必須符合以下四項安全規範：

足夠的水深

10 公尺高台跳水的標準泳池，水深至少要有 5 公尺，大小最好是 25×25 公尺的正方形，才能減緩選手跳入後的速度，降低衝擊力，避免選手直接撞到池底。

池底設計要平滑

跳水池必須清澈見底，底部應該平滑、沒有障礙物，確保選手跳入時不會遇到任何阻礙或危險。

高台設計要注意細節

跳台台面要防滑，前後左右都不能有障礙物，避免失足掉落的危險，或是撞上鄰近的高台。

確保安全的比賽環境

　　跳水池會安裝造波器製造水面波紋，讓選手從高處判斷水面的距離，便於控制入水動作；場內還要防止眩光和反射光，這些光經過水面折射會影響選手判斷力，因此有些競賽會禁止觀眾使用閃光燈。

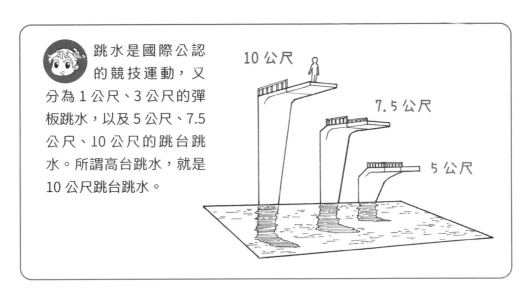

跳水是國際公認的競技運動，又分為 1 公尺、3 公尺的彈板跳水，以及 5 公尺、7.5 公尺、10 公尺的跳台跳水。所謂高台跳水，就是 10 公尺跳台跳水。

入水瞬間是關鍵

　　看似平靜的跳水池，居然隱藏這麼多細節，那在高台跳水的標準泳池跳水就不會受傷了吧？其實也不完全對，還必須學會控制身體與高處跳水的技巧，並掌握正確的入水方式。跳水時，還有一個自由落體的加速度，讓自己用最小的身體面積，最不波動水的方式快速鑽入水中，減少入水時的阻力。

水不是那麼溫柔的

跳水選手入水時，好像練就了水花消失術，一個個都在比誰的水花小，其實不只是為了成績表現，更是保護自己安全的一種做法。

如果選手的跳水動作沒有做好，整個頭或大片身體面積，快速的啪嗒打在水面上，看似溫柔的水，瞬間變成了硬梆梆的水地板，讓人像從三層樓跳到地面上，甚至導致身體或內臟受傷。

聽起來有點可怕，但也難以理解那是什麼感覺，對嗎？用手來做個小實驗，幫助體會。

裝一盆水，用手指快速往水裡戳。感覺一下手指，咦？沒什麼感覺。

同一盆水，用手掌大力往水面拍打。居然有點像在跟水面擊掌，還痛痛的！

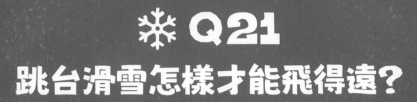

✳ Q21
跳台滑雪怎樣才能飛得遠？

是不是就像飛滑翔翼一樣，靠什麼厲害的裝備？

天哪！從這麼高的地方跳下來，選手只有滑雪板和頭盔而已！

請觀察選手一躍而起的姿勢吧！

想要飛得遠，當然就是要減少阻力！

減少阻力就能飛得越遠喔！

　　跳台滑雪是一項結合滑雪和跳躍的競技運動，選手穿上滑雪板，沿著特別搭建的跳台，以高速滑行獲得的速度和彈跳力騰空飛起，在空中短暫飛行時，必須克服重力和空氣阻力才能飛得夠遠，在下降落地時還要注意姿勢，才能完美落地，取得高分。

從高處往下滑才能飛起來

　　跳台滑雪的跳台有 70 公尺、90 公尺和 120 公尺三種高度。如果是參加 120 公尺大跳台的選手，等於是從 40 層樓高的高樓往下滑行，再加上助滑道的坡度很大，通常在 35 到 40 度，選手滑行的速度最高可超過時速 90 公里，就像一台汽車疾駛在高速公路那樣快。利用從高處滑行獲得的能量，在起跳點一躍飛起時就轉換成了動能，再透過選手控制身體的姿勢，降低空氣阻力，以便飛得更遠一點。

得分除了飛得遠，還有完美落地

　　跳台滑雪的過程有好幾個階段，選手會從最高處的起點，通過助滑道加速，此時選手會盡量保持下蹲的動作，甚至和坡道平行，增加加速度。起跳後在空中保持身體前傾、雙臂貼身，兩腳的滑雪板呈現 V 字狀，讓滑雪板與身體形成銳角，沿著自然的拋物線在空中飛行至少 5 ～ 7 秒，雖然只有短暫的幾秒，選手會不斷微調身體動作，尋找到最佳平衡，讓阻

力減到最小，直到成功著陸後滑向終點。

　　飛行距離是最直接的得分標準之一，在這基本分數之外，還有 5 位裁判會根據選手的跳躍距離、飛行狀態、著陸穩定度和整體表現評分。而 K 點是運動員距離分的評分原點，運動員落地時，超過著陸區 K 點就加分，不到 K 點則減分。

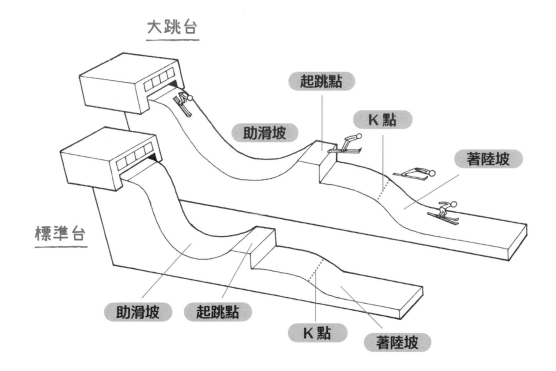

大跳台

起跳點

K 點

助滑坡

著陸坡

標準台

助滑坡　　起跳點

K 點　　著陸坡

跳台滑雪看起來是不是很像雲霄飛車？雲霄飛車爬到高處後，利用往下衝獲得的能量，轉換成翻轉或是下一次往上爬的動能。而跳台滑雪是獲得動力在空中短暫飛行。

讓物體往下掉的重力

在地球上，「重力」將騰空的任何物體拉回地面，沒有任何物體不被它影響。選手透過助滑坡向下滑動產生的動能躍向空中，受到空氣阻力和重力的影響，騰空的選手滑翔一段距離後，會慢慢的落到地面。如果想要飛得更遠，必須改變身體的姿勢，盡量減少空氣的阻力，並且利用空氣流過身體與滑雪板時的升力，抵抗向下的重力。

那麼為什麼有些動物如鳥、昆蟲可以飛在空中呢？最主要的原因是牠們有翅膀的構造，可以產生動力，同時牠們也會利用空氣中上升的氣流來幫助自己滑翔。

🚲 Q22
為什麼公路自行車賽的騎車姿勢，和騎 Ubike 不一樣？

公路自行車和Ubike的構造、用途不同，騎車姿勢當然也不同。

　　公路自行車是為了快速騎乘而設計，通常具有輕巧的車架、窄而硬的輪胎，以及下彎的手把。Ubike則是市區短程代步用的自行車，穿梭在街道是追求便利而不是速度，在設計上以騎起來舒適、穩定為主，因此具有較寬的車架、寬而柔軟的輪胎，以及直立式的坐墊和手把，接近人們常說的淑女車。

公路自行車　　　　　　　　　　Ubike

自行車結構 VS 騎車姿勢

　　以Ubike的結構和設計來說，人們可以挺直身體騎乘，不需要彎腰或俯身，而手把設計成上揚或水平，可以放鬆手臂和肩膀並減少壓力。

Ubike 速度適中、視野佳、穩定性夠，適合在突發狀況多的城市中騎乘。

公路自行車的用途完全不同，追求的是降低風阻和加快速度，因此公路車的把手通常是向下彎曲，人們騎乘時自然而然採用前傾的姿勢，當身體更貼近車架，可以減少風阻、提高速度，還可以有效的將身體重量轉移到腿部，增加踩踏板的力量。

騎車姿勢 VS 風阻

提到公路自行車賽，似乎就離不開「風阻」，公路自行車與風阻之間，到底是什麼關係呢？回想一下，你有沒有在風大的時候散步過，那個把你頭髮、臉頰都吹歪，還讓你走路有點費勁的，就是風阻。當你越快步走，就越覺得風的力氣好大、好大，不斷阻擋著你前進，記住這個感覺！

回到我們探討的公路自行車上，當你以每小時 15 公里的速度騎車時，風阻可能還沒有太大的影響，但是當你速度提升到每小時 30 公里時，風的阻力與速度的平方成正比，換句話說，騎得速度越快，風阻增加更快。

在整個公路自行車比賽中，最後衝刺階段的速度，整個比賽團體可以到達每小時 50 ～ 60 公里，甚至有個人成績來到每小時 70 公里，如何減少風阻始終是必須克服的難題之一，降低風阻的騎車姿勢是至關重要的一環，這也是為什麼公路自行車賽選手的姿勢都是如此。至於，不必強調速度、對抗風阻的 Ubike，追求的是舒適穩定，騎乘起來姿勢自然也就不一樣！

從物理學角度來看，在騎車的當下，人體的迎風面積越大、風阻越大，所以人們必須趴低身體、貼近自行車，以「身體縮小術」來減少面積、降低風阻。公路自行車的結構設計，讓人們能夠輕鬆保持低姿勢，從而減少人體的迎風面積、降低風阻。

大家的實力都差
不多，所以才擠
在一起啊？

我覺得是大家
都想要擠到一
個好位置。

這其實是一種策略，聚
在一起騎可以減少風阻，
讓選手省點力喔！

擠在一起騎是故意的，這是一種 保留體力 的策略唷！

「這群人全都擠在一起，無法超越第一個耶！」或「擠在一起很危險吧？」剛開始觀看公路自行車賽轉播的人，總不免有這樣的疑問。別擔心，這個「擠在一起」的現象，其實是公路自行車賽中常見的運動策略，它還有一個名稱叫做「集團」！

「集團」是對抗風阻的好幫手

為什麼車手們會聚在一起形成「集團」呢？因為「集團」帶來的效果，可以讓車手們一起對抗自行車運動的最大敵人——空氣阻力，或稱為「風阻」。公路自行車賽是一項挑戰長距離騎乘的運動，但風阻這個勁敵一路上都存在，該怎麼保留體力呢？

　　有車隊歸屬的選手，利用車隊形成的「集團」對抗風阻，只要保持適當距離，騎在集團破風車手後方的隊形裡，幾乎能夠減少超過百分之八十的空氣阻力，技能優越的選手就能保留體力到最後發揮。然而，沒有車隊歸屬的選手也知道這個原理，會跟著別人的集團一起騎乘，或是和速度差不多的選手組成臨時集團。因此，「擠在一起騎」就變成公路自行車賽的基本現象囉！

從大集團變成小集團

　　到了比賽後半段，選手間的競爭越來越激烈，集團就會開始慢慢分裂，從大集團變成小集團，最後由集團裡技能優越的選手，帶領著排成一列縱隊的隊友們，全力往終點衝刺來贏得比賽。如此一來，不僅可以創下個人佳績，也讓所屬小集團贏得好成績。

當騎車速度越快時，迎面來的風阻也就越強；車隊通常會排成一縱列，騎在最前面的選手耗費大量體力以突破風阻，騎在後頭的選手就可以保留體力。這位騎在車隊前面的就是破風手。

自行車廠商打廣告

打開自行車競賽史，在環法自行車賽剛開始的前幾年，時尚貴族們非常熱衷參與，而為了舒適的完成賽事，參賽的貴族會讓一群僕人陪著騎，僕人們幫忙擦汗、遞送補給品之外，還有最重要的任務──領騎，幫忙帶路也幫忙破風，這就是「集團」的雛形了。

後來，這項運動越來越知名，自行車廠商從環法賽裡看見了商機，於是招兵買馬組成車隊，也打算靠著團隊合作的方式贏取勝利，趁機打響自家品牌的知名度，卻發現成群騎在一起好處多多，於是「集團」這種模式就此誕生了。

不過，這種集團的出現，曾經讓賽事創辦人非常不以為然。他覺得一堆人騎在一起摸魚打混，終點線前才開始爭先恐後搶奪最後勝利，讓比賽過程變得平淡無聊，還故意推出團隊計時賽，希望讓比賽更加公平。結果，沒想到觀眾不買單，兩年後又回到原本的比賽模式了。

🚴 Q24
為什麼有的自行車輪
加上了板子？

這輛自行車後面的輪框是板子耶！

會不會只是比較帥？

碟輪是競速型自行車選手會選擇的一種裝備喔！

競速自行車的設計追求輕量和抗風阻。

「競速自行車」是為了高速騎乘和參加競賽而設計的自行車車款，幫助人們在最短的時間內，以最快的速度穿越賽道或完成特定賽事。專業的自行車賽事裡，像是公路賽、個人計時賽、場地賽、山地賽等，幾乎都有它們的身影。

競速自行車通常會搭配輕量化的車架和組件，幫助人們提高速度和操控性，隨著組件的變化越來越多，組合性也越來越強。最顯而易見的個人化組件，就是車輪上的輪組。輪組主要由輪框、花轂、輻條組成，輪框是輪組的外在美、花轂是輪組的內在美，而輻條則是輪框與花轂的連接橋梁。到底該使用輻條輪、高板輪或碟輪呢？選手們又是怎麼選擇的呢？

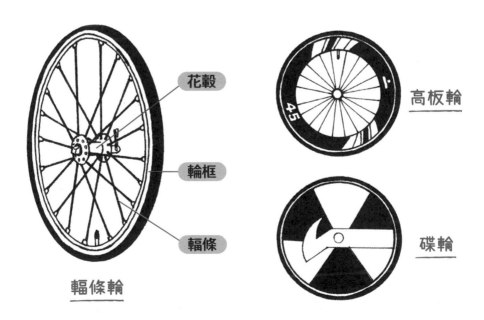

花轂

高板輪

輪框

輻條

碟輪

輻條輪

輻條主要支撐輪框

在各種型態的輪框開發出來前，以輻條支撐輪框的架構，是自行車最基本的樣子。輻條的原始作用是防止輪胎因充氣而變形，因為保持在漂亮的真圓狀態，可以提高抓地力有助於滾動順暢。

起初，輻條的變化是所有組件中影響比較小的，但是隨著科技演變、材質不同，加上空氣力學在運動界受到重視，輻條、輪框的樣式與配置方式都越來越多元。

輪框簡單選

隨著輪框的變化越來越多，人們開始追求降低風阻的輪框設計，所以輪框內圈的板子就越來越高，甚至出現整面封閉像盤子一樣的碟輪。

有人簡單的區分，如果要在室內競速，像是室內的「自由車場地賽」，只要肌力夠強，裝上高板輪應該是最好的。如果參加的是大量的爬坡，像是戶外的「自行車爬坡賽」，需要站起來抽車對抗地心引力，還可能面臨側風的狀況，那麼請放下高板輪，選擇輕盈的輻條輪框吧！

碟輪也有缺點

板框越高的板輪，的確越能減少風阻、增加速度，但不是每種場地都適合。當騎乘路段出現大量的側風時，風一遇到到高板輪，就像吹動家中的整片門板一樣，瞬間吹移車體，導致連人帶車突然偏離車道，甚至出現失控摔車的危險狀況。熱愛使用高板輪的選手，多半也不會將板輪或碟輪裝設在前輪，因為側風一來，前輪一偏絕對會影響車體。

如果選手騎著帶有高高的板輪或滿板碟輪的自行車，準備前往地形起伏較大，側風較多的地區參賽，就會變得有點危險，因為它不像輻條般可以讓側風穿過，甚至有些比賽直接規定不能使用碟輪參賽喔！

Q25
為什麼推冰壺時，前面的選手要刷地板？

你看我、你看我，像不像刷冰手？

我也會，但是冰壺選手到底為什麼要刷地板啊？

選手不是在刷地板啦！他們在刷冰，這樣冰壺才能順利前進！

選手刷冰使冰面溫度升高，
增加冰壺滑行距離。

冰壺運動選手一直忙著刷地板，在一個像水壺又像石頭的東西前面，到底是在刷什麼呢？第一次看到冰壺運動時，你是否也不自覺的露出笑容，總覺得自己都可以參加吧！噢，事情沒有你想得那麼容易喔！

冰壺運動又稱為「冰上溜石」，因為那個像水壺又像石頭的東西，是以石材製成的，所以也有人稱為「石壺」，傳統上，人們是拿著鬃毛或麥稈製成的冰刷，在冰壺的移動軌跡前，努力刷呀刷，看起來像在做清潔工作，其實是認真的「刷冰」。

 奧運比賽用的石壺，就是採用蘇格蘭的艾爾沙‧克雷格島花崗岩打磨而成，每塊約 19 公斤重，頂部帶有一個握柄。

「刷冰」是冰壺運動中非常重要的一環，雖然現在冰刷的材質不同了，刷冰的原理都一樣，透過冰刷在冰上刷刷刷的動作，達到摩擦生熱的效果，使得冰面溫度升高，當稍微融化的冰面形成一層水膜，可以減少冰面與冰壺之間的摩擦阻力，就能增加冰壺的滑行速度和滑行距離。

旋轉的冰壺

冰壺運動的場地其實不是我們以為的光滑冰面，而是透過噴灑水霧後使得冰面上分布著小小突起的冰粒。這是因為如果在光滑的冰面上推冰

壺，冰壺速度快、彎曲的弧度大，選手就不容易控制冰壺的行進方向。灑上水後增加了冰面的摩擦力，選手才可以透過刷冰來改變冰壺的方向，至於要刷哪裡、怎麼刷就非常考驗選手的判斷力。

　　另外，你注意到了嗎？選手的鞋子一腳是光滑底，一腳是止滑底，這樣才可以在冰上刷冰時很好的控制方向。

冰壺考驗團隊默契

　　冰壺的英文名稱 curling，是旋轉的意思，顧名思義就是冰壺會在比賽場地上旋轉，如何讓冰壺順利旋轉到代表得分的圓心，非常需要團隊默契呢！

　　每個隊伍，是由主將、投壺手與刷冰手共同組成，他們必須同心協力想辦法，才能讓冰壺貼近圓心，像是繞過障礙物、把對方冰壺撞開，或是讓自家冰壺滑入代表得分的圓心，這一切努力都是為了贏得好成績。

主將

　　擔任領導角色，現場指揮冰壺的旋轉方向和滑行距離，協助「投壺手」掌握投壺方向，也指導「刷冰手」如何刷冰調整路線。

投壺手

　　投出不斷往前旋轉移動的冰壺。

刷冰手

　　透過刷冰的動作，調整冰壺的前進與彎曲路徑，更加精準的控制冰壺滑行軌跡。

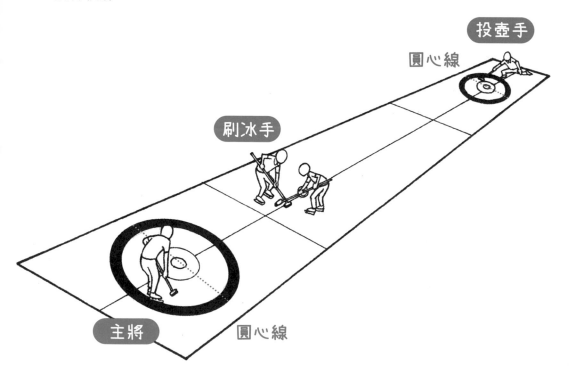

Q26
滑冰運動一定得穿冰刀鞋,穿運動鞋不行嗎?

在滑冰場上，穿上一般鞋子比冰刀鞋更難移動。

　　滑冰運動最經典的形象，是運動選手穿著冰刀鞋，用那薄薄的冰刀競速，或是花式滑冰舞出一曲冰上舞曲，包含旋轉、跳躍的動作，特別賞心悅目，每一次競賽都好像是一場藝術表演。冰刀那麼細，看起來很難站立和控制，難道穿著平底鞋或運動鞋在冰上，就不能滑冰嗎？

　　滑冰場非常平滑，穿著一般鞋子進入滑冰場運動，是非常不安全的。

　　平底鞋和運動鞋的鞋底設計，是適合在平常地面提供抓地力，在光滑冰面無法產生恰當的摩擦力，很容易在冰面上滑動或轉換方向，卻不容易控制方向或停止。如果穿上平常的鞋子上滑冰場玩，極有可能在無預警的狀況下突然滑倒，造成無法挽回的傷害。像是在冰天雪地的國家，人們如果穿一般鞋子走在結冰路面上，經常突然一個踉蹌就滑倒在地。

冰刀鞋是冰上運動專屬的鞋

　　滑冰選手的冰刀鞋，其實是精心設計過的冰上運動鞋，鞋底鋒利的冰刀，可以切入冰面，提供良好的穩定性和控制力。冰刀有什麼祕密呢？讓我們觀察冰刀，可以發現冰刀的內外兩側都有刃，其實是個倒 U 的凹槽，選手可以透過改變身體壓在兩側刀刃上的重量分布，控制滑行的方向和速度，在轉換各種步法和動作時，也會更加靈活順暢。

　　而連接著冰刀的鞋體也非常堅固，足夠支撐雙腳站立在冰刀上，防止

腳盤翻動導致腳踝扭傷，這對於時常進行跳躍和旋轉等高強度動作的花式滑冰選手來說又更為重要。

左外刃　　右外刃

左內刃　　右內刃　　平刃

穿上冰鞋後，如果都不動的話，是非常穩定的呢！

冰刀是怎麼在冰上作用的呢？

冰刀鞋和冰面之間的關係非常有趣，原理和冰刀對冰面施加的重量有關係。當選手穿著冰刀鞋在冰面上垂直行進時，選手從上方施加的重量，可以讓冰表面融化，所以冰刀的倒 U 型溝槽周圍，就會融出一層水膜。這層水膜一出現，可以瞬間降低冰刀和冰面的摩擦力，滑冰選手就能做出滑行的動作，但冰刀滑過的地方，曾經被重量融出的水膜又會立刻結冰，叫做復冰現象。

當選手想要剎車或轉彎就會傾斜刀刃，讓冰刀和冰面夾角小於 90 度，減輕冰刀對冰面施加的重量，減少水膜的產生就能增加摩擦力，進而讓滑冰選手停下，或是轉彎。就是利用這種特性，穿著冰刀鞋持續在冰上滑行。

冰刀讓冰面融化　　冰刀往前滑

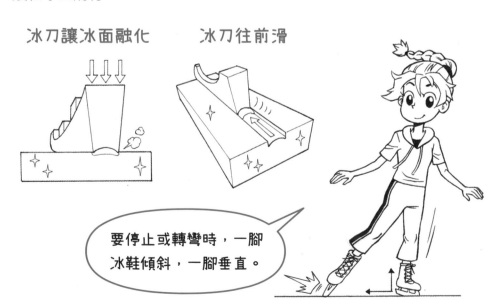

要停止或轉彎時，一腳冰鞋傾斜，一腳垂直。

利用慣性與肢體配合做出旋轉動作。

　　當滑冰選手準備旋轉時，會先加快滑行速度，用其中一隻腳當作支點，另一隻腳在冰上助推，因反作用力形成力矩而旋轉。

　　物體的質量和形狀影響轉動慣量的大小，而轉動慣量和旋轉的速度成反比。物體質量越接近轉動軸線，轉動慣量越小，旋轉速度愈快。所以當滑冰選手要快速旋轉時，就會將手臂或腿收緊靠近身體，加快旋轉的速度。

雙臂外展，手臂和轉軸距離拉遠，會減慢旋轉。

收起手臂貼近身體，轉軸貼近中心，轉速提升。

為什麼花滑選手旋轉時都不會頭暈呢？

身體旋轉時，耳朵裡的構造會告訴大腦身體不平衡，需要以暈眩的方式警告提醒。而花滑選手並不是都不會頭暈，而是長期不斷訓練後，他們的大腦已經知道，並且習慣選手又在旋轉了，就會忽略暈眩的感覺。

冰刀前端的小鋸齒是選手起跳的好幫手

　　從上一題的問答中，我們知道選手可以在冰上滑行自如，與冰刀在冰面上產生的物理現象有關係，而花式滑冰選手的競賽中，還有一連貫的跳躍、旋轉，甚至是空中旋轉三周跳、四周跳等超高難度的動作，也跟前面講到的慣性動能有關。真正要完成一整套漂亮的花式滑冰動作，選手在理解冰刀鞋與身體的物理原理之後，透過嚴格的技術訓練、優秀的身體控制能力，還要克服旋轉頭暈的狀況，才能做出精準的動作。

　　仔細看，花式滑冰選手的冰刀鞋前端，是一個鋸齒的特殊設計，這提供了額外的抓地力，幫助選手在跳躍時把自己推離冰面，以進行高難度的翻轉動作。從側面觀察可以看出，冰刀的前端和後端都稍微翹起，中間就是主要的旋轉點，選手只要能夠好好運用內刃和外刃的重心轉換技巧，旋轉時就能穩定的保持在旋轉點上。

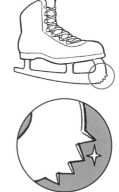

　　除了原地旋轉，滑冰高手跳躍起來旋轉三周、三周半、四周跳，甚至是最誇張的四周半，也都和角動能守恆的原理有關係。選手準備展現這個動作時，會有一段衝刺滑行，然後單腳推一下冰面瞬間蹬起，接著利用產生的角動能慣性，在空中快速旋轉起來。

　　這種懸浮在空中的旋轉，會因為受到地球引力影響而往下墜，和站在冰面上一直旋轉的狀態略有不同，除非是選手瞬間的爆發力十足，讓躍起後的轉速達到超級高，否則以人類的能耐，四周半已經是極限嘍！

瞄準運動

◎ Q28
射箭運動的箭，
是怎麼射出去的？

我知道！就跟彈橡皮筋一樣，利用彈力！

哇，上了體育課之後，變聰明了呢！

沒錯，選手將弓弦穩定的拉開儲存能量，才能把箭矢發射出去哦！

選手繃緊弓弦儲存了能量，才能把箭矢發射出去。

　　觀看射箭項目時，總會發現選手拉緊弓弦的那一刻，絕對是極度專心、屏氣凝神，直到放開箭矢後才真正鬆一口氣。射箭運動的過程，就是將弓弦拉開後，釋放箭矢讓它飛向目標，到底這短短幾秒之間，運用了哪些力學原理呢？

　　射箭是一種能量的轉換，當選手拉開弓弦時，弓臂會被拉伸，弓弦被繃緊，儲存了能量；當選手放開弓弦，這些儲存的能量會瞬間迅速轉換成動能，傳遞給箭矢，推動箭矢加速飛出。這種能量轉換的過程，直接影響了箭矢的速度和射程。

　　因此，弓的設計和弓弦的材質，對於彈力位能的儲存和釋放效果也會造成影響，好比拿了一條鬆弛的橡皮筋，和緊繃的橡皮筋相比，兩條橡皮筋可以彈飛的距離絕對不同。

射中目標靶心不容易

　　箭矢飛出去之後，就會遇上空氣阻力，就像逆風中騎自行車感受到的阻力，而箭矢的設計，包括箭頭、箭軸和箭羽也都會影響飛行。特別是箭羽，就像飛機的機翼一樣能產生升力，幫助箭矢在飛行中保持穩定，如果箭羽雜亂有偏差，箭矢可能會偏離預定的路線。

　　此外，箭矢飛行時，受到地球引力的影響，產生了往下墜落的重力加

速度，使箭矢不是呈直線的飛行，而是呈現拋物線的飛行軌跡，就跟我們把籃球往籃框處投擲時，可以看到一道弧形的拋物線一樣。更不用說，在戶外進行射箭比賽時，還會有風的因素來干擾。因此，射箭選手要命中靶心真的是一件非常不容易的事。

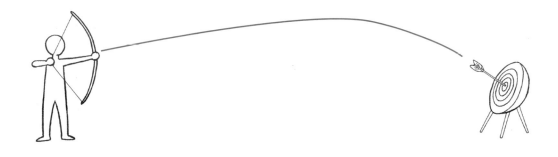

你注意到了嗎？奧運的箭靶中心為黃色，往外分別為紅色、藍色、黑色、白色。靶心的顏色和傳統的正中「紅心」不同，這是因為黃色在遠處比其他顏色更顯眼。

射箭不靠眼睛瞄準？

射箭並不是站在原地，屏住呼吸，用力拉弓就能射中目標。前面說過，射箭要精準命中靶心，是受到許多因素的影響，非常需要射箭選手的穩定性和控制能力。在國際比賽中，箭靶距離選手有 70 公尺，相當於 7 間教室那麼遠，選手要如何瞄準靶心呢？

選手在經過長期不斷的訓練後，已經知道身體的姿勢、拉弓力量怎麼安排，就可以射中箭靶，理論上，如果靶的位置沒有改變，選手只要把姿勢做到正確，眼睛的瞄準的確不是最主要的因素，而在比賽現場最重要的，更是對於風速、環境的判斷，來調整姿勢和力量。根據研究，射箭選手只要細微的調整，0.2、0.3 公分的移動，或是左右腳重心的改變，都會造成不一樣的結果。

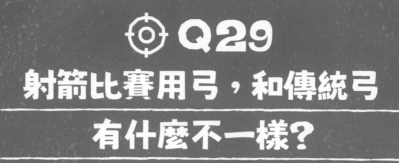

Q29
射箭比賽用弓，和傳統弓有什麼不一樣？

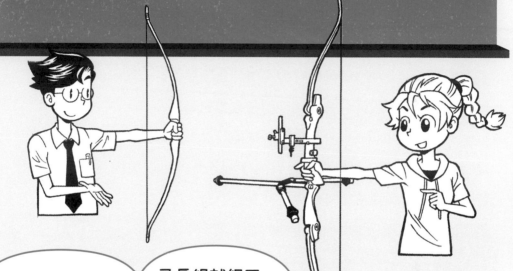

現代的弓箭好新潮，一定比傳統的弓厲害。

弓長得就很不一樣，上頭還多了好多零件。

奧運射箭比賽所使用的弓叫做反曲弓。

反曲弓的造型和施力，都和傳統弓不同。

　　說起射箭運動，人們最直接的聯想通常是傳統弓，可是隨著時代演進，現在射箭競賽最常用的弓箭是反曲弓和複合弓，反曲弓更是目前奧運射箭競賽的唯一指定。

　　反曲弓和複合弓的出現，是在傳統弓的基礎下，做出讓拉弓變得更加省力的設計。反曲弓的構造符合弓如其名，在弓臂末端有個向外彎曲的設計，使得弓臂在拉滿弓弦時能夠儲存更多能量。

　　反曲弓可以拆成弓身和弓臂，這種設計不僅方便攜帶，還能根據需求進行調整和升級。如果覺得弓臂的硬度不夠，可以更換更硬或更軟的弓臂，而且也能安裝許多種配件，像是瞄準器、穩定器或箭台，這些配件都是用來提高射擊精確度和穩定性的好工具。

在反曲弓接近中央的位置，有一根長長的桿子，那個可不是瞄準器哦，而是用來幫助選手平衡弓的裝置平衡桿，也叫做安定桿。平衡桿依據每個人需求有不同的長短和重量，不過越長越重，弓也會變重，也會影響射箭。

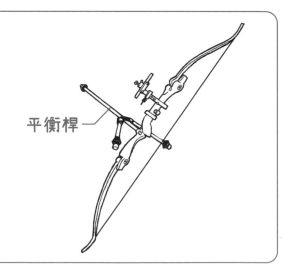

平衡桿

在弓的上方添加滑輪的複合弓

　　另一個科技演變下的產物——複合弓，是一種結合現代科技和傳統射箭藝術的高效能弓箭，最大的特點是多了滑輪系統，讓射箭手輕輕鬆鬆就能拉開弓弦，而少了手臂的負擔和疲勞，就能把專注力放在瞄準這件事。

　　複合弓很適合用於真正的狩獵，狩獵時人們需要拉弓等待最佳時機才能射擊，而複合弓的設計讓人們在這些情況下不會感到過於疲勞，還具有強大的射擊力確保獵物能被迅速擊倒。

複合弓

弓箭是過去生活中的一部分

傳統弓充滿了歷史感，古裝劇裡都能看見，是武器也是狩獵工具，整體的弓形是一條直線或稍有弧度，通常是一體成型不能拆裝，相對於現代的弓箭款式簡單許多，沒有反曲弓或複合弓的外彎或滑輪設計，不會安裝額外的瞄準器或穩定器，所以反而非常堅固又耐用。

不過，這種設計讓長弓保留了最原始的射箭方式，射箭手需要較大的力量來拉滿弓弦，射箭時必須依靠射箭手的經驗、技巧和感覺，反而能夠讓人充分體驗射箭的純粹樂趣，現在已經成為休閒娛樂或展現文化的活動。像是原住民還保有一些射箭的傳統技藝，也會用這一類的長弓來表演唷！

Q30
空氣步槍是發射空氣的意思嗎?

空氣步槍?是……
發射空氣嗎?

不,空氣步槍裡
有子彈!

空氣步槍是利用壓縮的
氣體,把子彈推出來射
擊的槍!

利用高壓空氣當動力。

空氣步槍在奧運運動項目裡，雖然不如其他項目熱門，世界各地仍有一群好手默默耕耘。比賽時，每個選手排排站好，瞄準各自的標靶，在限定時間內完成規定的射擊數量，最後看誰累計的分數最高分，例如：男子 10 公尺空氣步槍的規則就是，在 75 分鐘之內完成 60 發子彈的射擊。

空氣步槍是怎麼運作的?

一般槍械是用火藥燃氣來發射子彈，而空氣步槍則是和空氣有關，基本構造除了槍管、扳機系統和瞄具，最重要的就是有一瓶氣瓶。氣瓶內會存儲壓縮的空氣或二氧化碳。當人們扣下扳機之後，槍上的氣閥會打開釋放氣體，讓氣體迅速進入槍管，推動子彈高速前進並射出。這種子彈的造型和一般子彈完全不同，後方有個設計來讓空氣推動的小凹槽，因此也被稱為喇叭狀鉛彈。

由於空氣步槍重達 4.5 公斤，長時間持槍會很不穩定。選手會穿著特殊的射擊服裝，通常是厚重的帆布製成，幫助選手固定身體、固定動作，增加穩定性。

空氣步槍的射擊動作

空氣步槍是一種長槍，通常用於比賽和狩獵，競賽時選手將槍托抵在肩膀上，透過瞄準鏡或機械瞄具瞄準標靶射擊，選手不必鍛鍊高強度的肌

肉和體能，但是一定要訓練自己的手臂和穩定性，以及射擊時的呼吸配合。子彈射出前，只要有一點點微小的移動或歪斜，彈道路徑就會偏移導致失分，所以這項運動也考驗著選手的抗壓性。

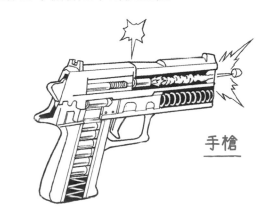

手槍

空氣步槍

空氣步槍的子彈

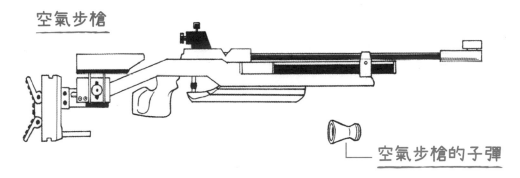

擁有這項運動器材是非常謹慎的事情，需要事先申請才能購買，平時也要交由警察單位保管。因為空氣步槍具有一定程度的傷害力，近距離射擊的話，可以擊破寶特瓶，也能打穿木板，槍口處的初速度就能達到每秒 175 公尺，如果被有心人士不當使用，當然也會有傷人的可能性。

另一種空氣槍——空氣手槍

　　講到空氣槍，奧運射擊比賽不只空氣步槍一種項目，還有另一種項目——空氣手槍，跟空氣步槍一樣，必須在 75 分鐘之內完成 60 發子彈的射擊，然後看看誰的累計分數最高。台灣就有一位知名的空氣手槍運動員——吳佳穎。空氣手槍的子彈發射射擊原理，和空氣步槍非常雷同，只是空氣手槍是短槍，槍管的彈道比較短，選手多半使用單手持槍。

　　為了不干擾射擊用手，另一隻手通常會自然的插進褲子口袋，形成一種帥氣的感覺。但是不知道內情的人，總會覺得選手漫不經心在耍帥，其實在空氣手槍訓練中，這是非常常見的標準動作呢！

我找到最適合我的運動了！

Q31
拳擊手套越大，打人越痛嗎？

拳擊手套的真正功能是保護雙手。

　　奧運拳擊比賽是一項歷史悠久的運動，不僅男子和女子都各有項目，還會根據體重級別區分不同量級，因為撇開技巧不說，先天體型高壯本來就占優勢。因此，拳擊場上兩位選手體重的落差不能太大，分成不同量級來比賽較為公平，不然瘦小的一方可能永遠都打不倒大塊頭。

　　不管是如何規範，格鬥類型競賽就會有受傷的風險，因此，拳擊手套就變得非常重要，是必不可缺少的護具。關於拳擊手套的作用，很多人都誤會了它真正的意義，以為單純是一拳擊倒對方的好工具，以為選擇越大、越重的，效果就越好。

　　其實，拳擊手套最主要的作用不是攻擊，而是用來讓選手保護自己的手，也保護對方在承受每一拳時，不會過度受傷。拳擊競賽最根本的目的，不是把對方打到重傷，而是透過競賽互相切磋，看看誰的拳擊技術與技巧更為優秀。

拳擊手套用盎司分，不用大小分

　　為了具有保護作用，拳擊手套總是鼓鼓胖胖的，主要構造就是外皮與內膽。外皮有 PU 皮革、超纖皮革與真皮三種選擇，而保護選手手腕和手指的重要關鍵——內膽，在材料和設計分成兩種：一體成型的發泡式內膽、多層次的發泡式內膽。

　　一體成型的發泡式內膽，外型較薄又偏窄，反彈性和耐衝擊性一致。

而多層次的發泡內膽分為三層，外層較硬可以應對重擊，中層增加彈性來吸收撞擊力，內層則較柔軟可以保護手掌。

　　一般來說，人們可以根據自己手掌的長度和豐厚度，選擇拳擊手套的盎司。盎司是手套的重量單位，通常女生會用 8 或 10 盎司，男生會挑選 12 或 14 盎司。

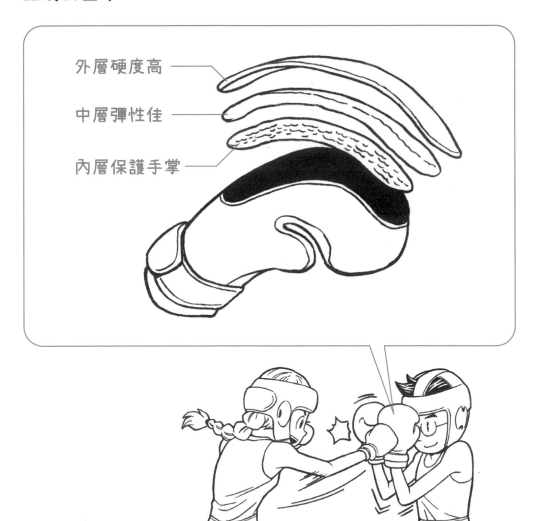

外層硬度高

中層彈性佳

內層保護手掌

什麼？比較輕的拳擊手套，打人比較痛？因為較輕的手套（如 8 盎司或 10 盎司），比較重的手套（如 16 盎司）更有打擊感，打到人也會讓人更痛一些。

一副厚重的拳擊手套（如 16 盎司），通常內部的填充物厚重，減震效果也比較好，可以吸收和分散部分的衝擊力，保護自己的手部之外，也能降低對對手的傷害。不過，較重的手套會導致出拳速度變慢，比賽時通常不會選用厚重的手套，反而是訓練或練習對戰時會多加利用。相對的，一副較輕薄的拳擊手套（例如 10 盎司），通常內部填充物比較少，減震效果就會降低，但也因為輕薄，反而可以增快出拳的速度，當揮拳速度越快，產生的動能就越大。因此正式比賽時，不少選手為了保持更高的能量和更快的出拳速度，通常選擇輕薄的拳擊手套參賽。

不管怎樣，越大越好！

⚔ Q32
擊劍選手的衣服後面，
怎麼會繫著一條線？

記錄得分的「線」。

　　擊劍是種結合速度、精準和策略的高雅運動，想像一下，兩個選手像閃電一樣快速揮動著劍，每一次出劍都像貓一樣敏捷，肢體協調得像機器人一樣準確，同時還要像棋手一樣運籌帷幄，提前預估對方的下一步策略，才能在這場充滿驚險和挑戰的比賽中得分。不過，你有發現賽場上劍擊選手背後都繫著一條線嗎？

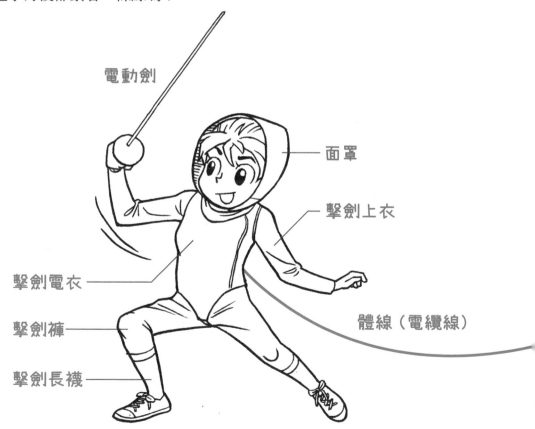

電動劍

面罩

擊劍上衣

擊劍電衣

擊劍褲

擊劍長襪

體線（電纜線）

那條線是電纜，也稱做體線或身線，是劍和計分系統之間的連接線，用來傳輸觸劍時的得分信號。選手穿的專業劍服背部有一個插座，電纜的一端插入後就能透過袖子內部的連接線，與選手劍上的護手盤相互銜接。

至於電纜的另一端是電纜盒，它有個可愛的小名「烏龜」，就像家裡丈量用的捲尺般，可以收納著長長的電纜線，讓選手在場中自由移動，不會受到背後纜線的限制，同時也確保得分能顯示在計分板上，讓裁判可以公平的判斷勝負。

有纜線就能計分了？

其實，擊劍比賽項目還分成花劍、佩劍和重劍，如果是花劍與佩劍選手，還得穿上一件能夠導電的金屬衣，這兩種項目只有穿著金屬衣的部位，才是有效的得分位置。當對方的劍擊中有效部位，透過導電金屬衣形成一個閉合電路的效果，將信號傳送到計分板上，裁判就能輕鬆又公平的判斷勝負。

擊劍時，選手必須戴上保護用的金屬面罩，而面罩上也還有一條頭線，這條頭線兩端都是金屬夾，用來連接電衣及面罩，如此一來，對手刺中面罩也能被判定有效得分。

劍身內部埋有電線，劍的前端有彈簧構造。在觸擊導電衣時發揮作用，只要輕輕 500 克力道，劍頭刺向對手的導電衣就會形成電路通電，讓計分板的燈號亮起來。

沒想到吧！擊劍比賽不僅裝備多，還運用了許多電子化的計分工具和系統，因為擊劍擊中對手的瞬間發生得非常快，如果沒有這樣的設備協助，裁判可能來不及判斷每一個得分的瞬間呢！

Q33
滑板的場地為什麼要做成 U 型?

應該是為了讓滑板的表演更好看!

看起來很像雲霄飛車的 U 型軌道一樣,衝下坡再上坡。

U 型池可以幫助滑板選手增加速度!

U 型池的兩端高處能讓選手增加動能。

　　滑板一直是酷炫的街頭文化，吸引全球無數的年輕人參與，他們時常聚集在世界各地，展現令人讚嘆的滑板技巧！隨著滑板運動越來越受歡迎，終於在 2020 年東京奧運首次亮相，成為正式的比賽項目，當滑板運動從街頭滑進奧運殿堂，初登場的經典舞台之一就是 U 型池！

　　U 型池的弧形設計，讓滑板選手利用重力加速度來增加速度。從場地的一側高處滑向另一側時，滑板選手因為重力獲得更大動能，達到更高的速度和力量，衝到空中完成一些特技。進行高空動作後，滑板選手順著弧形曲線安全著陸，減少受傷的風險，還能儲存能量做出下一個精采動作。

U 型池是高手表演的舞台

　　U 型池的兩側壁面，讓滑板選手滑行到頂端時騰空而起。兩側壁面的高度差，讓滑板手在空中創造更大的活動空間，進行翻轉、旋轉等高難度動作，既增加了比賽的可看性，也增加了提高分數的機會。

　　U 型池的兩側大約高 3 公尺到 4 公尺，下降的壁面幾乎是垂直的，可以帶來更大的動能。但是不是只有這麼高的場地才能獲得動能呢？並不是哦，比較小的小 U 池可能高從 140 公分到 240 公分都有，再加上平台及平台的邊緣等，就可以做出許多花式動作了。

碗池

U 型池

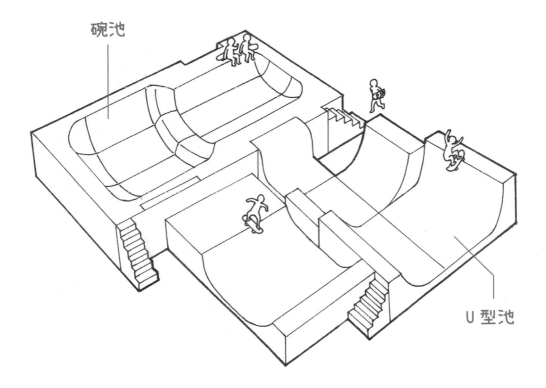

滑板起源於 20 世紀 60 年代，最初只是一種模仿衝浪的運動，人們利用簡單的木板和輪子，在街頭巷尾展現高超技術，漸漸形成獨特的風格和文化。後來滑板表演的形式越來越多樣，並開始打造專屬的場地，U 型池就是其中一種。

不同的滑板場地練習不同的技巧

其實，不只 U 型池有這一系列的優點，可以讓選手展現最美好的一面，碗池也有類似的效果。雖然碗池的高度，沒有 U 型池那麼高，但它是一個封閉性碗池，各個方向都能加以運用，不少選手利用它創造出美好的表現和成績。

滑板進入 2020 年東京奧運會之後，設立街頭賽和公園賽兩個項目。街頭賽模擬城市環境中的各種障礙，像是台階、扶手、斜坡等，讓選手在這些障礙上完成一系列花式動作。公園賽則是打造出碗池或 U 型池，讓選手利用場地的曲線和斜坡，完成各種高難度的動作和空中技巧。

這麼多種運動都超酷超帥的，我到底要選哪一種呢？

我的運動筆記

★ 我最喜歡的運動 _____

★ 我最擅長的運動 _____

★ 我最喜歡觀看的運動比賽 _____

★ 我最喜歡的體育選手 _____

_____

_____

_____

_____

_____

_____

_____

不得了！超有料的體育課

科學科技篇：運動裝備大揭密

企劃｜小木馬編輯部
文｜沈口口
圖｜傅兆祺
審訂｜盧俊良

總 編 輯｜陳怡璇
副總編輯｜胡儀芬
助理編輯｜俞思塵
題目整理｜小木馬編輯部、涂皓翔
編輯協力｜莊富雅
美術設計｜吳孟寰
行銷企劃｜林芳如

出版｜小木馬／遠足文化事業股份有限公司
發行｜遠足文化事業股份有限公司（讀書共和國出版集團）
地址｜ 231 新北市新店區民權路 108-4 號 8 樓
電話｜ 02-2218-1417
傳真｜ 02-8667-1065
Email ｜ service@bookrep.com.tw
郵撥帳號｜ 19504465 遠足文化事業股份有限公司
客服專線｜ 0800-2210-29
法律顧問｜華洋法律事務所　蘇文生律師
印刷｜凱林彩色印刷股份有限公司

2024（民 113）年 7 月初版一刷
定價 350 元
ISBN ｜ 978-626-98735-7-9
　　　　978-626-98735-6-2 (EPUB)
　　　　978-626-98735-5-5 (PDF)

國家圖書館出版品預行編目 (CIP) 資料

不得了！超有料的體育課 . 科學科技篇：運動裝備大揭
密 / 沈口口文 . -- 初版 . -- 新北市：小木馬 , 遠足文化
事業股份有限公司 , 民 113.07
17x21 面；144 公分
ISBN 978-626-98735-7-9(平裝)
1.CST: 運動 2.CST: 體育設備與器材 3.CST: 科學

528.9022　　　　　　　　　　　　　113009013